W0381857

DER NORDEN

Komm, laß uns gehn ins freie Frühlingsland
weit zu den birkenumsäumten hohen Hügeln,
wo goldene Wolken über den Wipfeln der Bäume glühen,
wo der Westwind im blauen Flieder rauscht.
Auf dem grünen Hügel, dort steht unser Haus,
umsäumt von unverwelklichen Blumen,
das große Zimmer geräumig und rein gescheuert,
und Fenster gibt es nach allen vier Seiten
und himmelblaue Gardinen umflattern sie,
die östlichen umsäumt vom Morgenglanz,
die westlichen verbrämt vom Purpurschein der Abendröte,
gen Norden umrandet vom Nordlichtleuchten,
gen Süden von ewiger Mittagssonne . . .

Aleksis Kivi, Komm, laß uns gehn, 1866

◁ *In einem Birkenwald bei Pudasjärvi, Finnland.*

Norwegen: Eine Bucht des Reinefjords bildet den Hafen von Reine auf den Lofoten (oben).

DER NORDEN

NORWEGEN · SCHWEDEN · DÄNEMARK · FINNLAND

FOTOGRAFIE FRITZ DRESSLER
HAUKE DRESSLER
TEXT BERND HENNINGSEN
REINHOLD WULFF

BUCHER

INHALT

Bildkapitel

Bernd Henningsen

◁ FINNMARK *Eine ruhige Herbststimmung liegt über der Landschaft:* *Bei Kautokeino, der «Hauptstadt» der norwegischen Samen.*

SCHLOSS FREDENSBORG *Schloß Fredensborg am Esrum-See wurde Anfang des 18. Jahrhunderts erbaut. Es dient der dänischen Königsfamilie als Sommerresidenz.*

SCHLOSS GRIPSHOLM

Das Vasa-Schloß Gripsholm bei Mariefred in Schweden wurde bekannt durch Kurt Tucholskys gleichnamigen Roman von 1931.

Im Schloß befindet sich eine der größten historischen Gemäldesammlungen Schwedens.

AM OUNASJOKI

Von Kittilä führt eine Straße nach Süden am Ounasjoki entlang, dessen Ufer zum Fischen einladen. Wer dabei allerdings von der Nacht überrascht wird, der wird in dieser einsamen Gegend Nordwestfinnlands kaum ein Quartier finden.

Noch immer zieht es viele Angler mit ihren Booten auf den Altaelv, den einst lachsreichsten Fluß der Welt. Auch wenn der Fang heute nicht mehr so reichhaltig ausfällt wie einst, die herrliche Landschaft ist mehr als eine Entschädigung.

FINNMARK ▷

Bernd Henningsen

DER NORDEN: EINE ERFINDUNG

Am stimmungsvollsten ist die Landschaft Nordnorwegens im Herbst: Über einem kleinen See irgendwo in der menschenleeren Weite der Finnmark steigt der fahle Mond auf.

Für die meisten Menschen ist der Norden weit weg – man kennt ihn zwar, aber eher vom Hörensagen als von eigener Anschauung. Die Gegend ist unwirtlich, Urlaub macht man lieber im Süden.

Aber man weiß, daß die Menschen im Norden in geordneten Verhältnissen leben, liberale Gesellschaftsformen entwickelt haben, einen vorbildlichen Sozialstaat, und daß sie keine materielle Not leiden, ja daß Armut ein Fremdwort ist. Es ist hier alles geordnet, fast wie im Paradies, die Einwohner sind meist schweigsam wie in Ingmar Bergmans Filmen, blond und blauäugig von Natur und selbiger sommers wie winters zugeneigt. Melancholie, Rastlosigkeit und die Gedanken von einem grauen und ernstschweren Himmel sind stets präsent.

Obwohl er in unerreichbarer Ferne lag, hatte man vom Norden schon immer ein festgefügtes Bild: Tacitus oder Polybios oder Plinius der Ältere oder Claudius Ptolemäus, die nie dort gewesen waren, wußten der Nachwelt sehr detailliert zu berichten; die schottischen Mönche von Lindisfarne, verfolgt von den Wikingern – ihr Kloster war im Jahr 793 verwüstet worden –, schrieben über ihr Leid mit den Nordmännern; Kaiser Ferdinand, zu Beginn des Dreißigjährigen Krieges, ließ sich mit Spott über den «Schneekönig» Gustav Adolf aus, der ihn bald das Fürchten lehren sollte; schließlich die Romantiker mit ihrer Entdeckung der nordischen Götterwelt; und unvergeßlich die unsägliche nordische Germanentümelei eines Richard Wagner, eines Wilhelm Zwo, eines Alfred Rosenberg.

Alle diese durch die Geschichte produzierten Bilder sitzen fest und haben die historischen, die politischen, ökonomischen und sozialen Veränderungen überlebt. Sie sind im je gegebenen Moment abrufbar und verschmelzen zu einer Ästhetik des Nordens, die so weit von der Realität entfernt ist wie der Osten vom Westen; man betrachte nur die Wikinger Hollywoods, die Normannen in den Geschichten von Asterix und Obelix oder die rabiaten nordischen Helden in den modernen Computerspielen. Selbst die Bewunderung der Linken und Grünen für die Leistungen und Errungenschaften der modernen liberalen Wohlfahrtsstaaten hat nicht sonderlich viel Wissen über die nordeuropäische Zivilisation in den Süden transportiert; denn im Grunde hat man den Skandinaviern übelgenommen, daß sie sich in das ideologische Links-Rechts-Schema nicht einordnen ließen und ihnen deshalb nur eine Nische im politischen Bewußtsein zugebilligt.

Himmelsrichtungen sind eine Frage der Perspektive. Wer am Nordpol steht, dem ist alles Süden. Wer am Südpol steht, dem ist alles Norden. Wo also liegt «der Norden»? Mit Blick auf unsere Vergangenheit: Da klang diese Frage noch etwas abstruser als heute, da wurden Wesensart und Charakter noch als feste räumliche Einrichtungen gedacht, da fragte man nach dem «nordischen Wesen», dem «nordischen Menschen». Geographie und Identität bestimmten sich gegenseitig. «Der Norden» war keine geographische Bestimmung, sondern eine ideologische. Der politische Hintersinn, der der geographischen mit der ideologischen Vermengung zugrunde lag, ist bis heute nicht überwunden, spricht man doch immer noch vom Menschen des Nordens, vom «Nordländer»; beim «Südländer» meint man es hingegen schon nicht mehr ganz so ernst. Wer vom «Norden» spricht, der kann sicher sein, daß er verstanden wird, die vorgefertigen Bilder sind sogleich zur Hand und vor Augen.

Läßt man sich also mal von der politischen Vergangenheit des Nordlandmythos' irritieren und denkt sich «den Norden» ganz

Fünfzig Millionen Hektar groß ist die Fläche der geschlossenen Wälder in Norwegen, Schweden und Finnland. Kein Wunder, daß Holz zum Hausbau verwendet wird.

Links oben: Auf den Lofoten, Norwegen.

Links unten: Farbenfroh gestrichen wie Holzhäuser, aber aus Backstein – Wohnhäuser im dänischen Assens.

konkret als Einheit, so wird sehr bald der gesunde Menschenverstand rebellieren: Die flachen Ebenen Dänemarks und die steilen Klippen der norwegischen Fjorde, die endlosen Wälder Finnlands und die industriellen Ballungszentren Mittelschwedens, das milde Klima Gotlands und die Eiswüsten Grönlands, der dunkle Mystizismus Emanuel Swedenborgs und die scharfe Intellektualität Søren Kierkegaards, die Biedermeierlichkeit Hans Christian Andersens und die gründliche Gesellschaftskritik Henrik Ibsens, die EG-rebellischen Fischer Nordnorwegens und die High-Tech-Yuppies von Stockholm oder Helsinki – zwischen den langen, hellen Sommernächten und den trübsinnigen Wintern ohne Sonne ist wohl doch nicht alles blond und blauäugig.

Könnte es sein, daß es «den Norden» gar nicht gibt? Daß er eine Erfindung der Europäer ist, um den je eigenen Platz im Koordinatensystem einer geographisch begründeten Identität zu finden? Um dem Nationalstaat – jener unseligen Erfindung des späten 18. und 19. Jahrhunderts – eine vermeintlich schlüssige Begründung zu geben? Diese Erklärung, warum es so etwas wie «den Norden» auf der geistigen Landkarte der sogenannten zivilisierten Welt gibt, wäre wohl doch zu einfach – vor allem, wenn ein Nichtskandinavier sie zu geben versucht, denn ein Nordeuropäer antwortet standort- und geschichtsbedingt anders. Was ist nun aber dran, am Bild des «Nordens»?

Wer sich mit dem «Nahen Osten» befaßt oder wer von «Amerika» spricht (ganz abgesehen von «Frankreich» oder «Deutschland»), der kann von einem allgemeinen, geographisch begründeten Raumverständnis ausgehen, das sich mit dem geistig-kulturellen deckt. Wer hingegen vom «Norden» redet, der muß damit rechnen, daß der Begriff anders interpretiert werden kann, als er gemeint ist. Das wird offenbar, wenn man die übrigen Begriffe anführt: «Skandinavien», «Nordeuropa», «Fennoskandia», «skandinavische Halbinsel» und was es mehr gibt. Immer wird der

Anschein erweckt, als gäbe es da ein Land, ein abgeschlossenes Territorium mit dem jeweiligen Namen. Dem ist jedoch nicht so; historisch, politisch, geographisch und natürlich auch – dies ist viel wichtiger – nach dem Selbstverständnis der Einwohner verbirgt sich dahinter ein jeweils spezifischer Zusammenhang: Von Grönland bis Finnland (und neuerdings auch wieder im nördlichen Teil Rußlands) haben darin Platz die Samen, die Eskimos, die Grönländer, die Finnen, Schweden, Dänen, Norweger, die Isländer, Färöer und die Åländer. Sie sind alle so verschieden, wie sie selbstbewußt sind, und sie betonen ihre Verschiedenheiten und ihre jeweilige Identität in einer dezidierten Witzkultur – lustig macht man sich immer über die anderen. Neigen Nichtskandinavier häufig genug dazu, den Raum, die Bewohner und deren Kulturen als einheitlich zu betrachten, so besteht man in Nordeuropa in aller Regel auf den Unterschieden zwischen den Stämmen, Nationen und Kulturen.

Die Relativität des geographischen Begriffs, seine geistig-kulturelle, ja seine ideologische Substanz wird deutlich, wenn man sich die sprachliche Wurzel des Begriffs vergegenwärtigt: Das Wort «Norden» stammt aus dem Indogermanischen und bedeutet «links vom Sonnenaufgang». Bei unseren Vorvätern und -müttern war die Perspektive also eine andere; sie orientierten sich nicht wie wir nach Norden (der Kompaß und alle Landkarten sind dorthin ausgerichtet), sondern nach Osten, zum Sonnenaufgang, und fanden sich in der Welt mit Hilfe der Koordinaten von Tagesanbruch und -ende, letztlich also vom eigenen Standort aus zurecht. Damit aber war «der Norden» kein festgelegter geographischer Begriff mehr, sondern ein viel kürzer gedachter und immer wieder neu zu bestimmender; er war jeweils standortabhängig, perspektivisch. Er war somit nicht eindeutig gemünzt auf eine bestimmte Region, jeder Stamm konnte mit «Norden» etwas anderes meinen – und tat es sicherlich auch.

Mitte: Fischerschuppen an der Küste der schwedischen Landschaft Bohuslän.

Rechts oben: Fischerhütten auf Öland, Schweden.

Rechts unten: Traditionelle Wohnhäuser in der finnischen Kleinstadt Rauma (siehe auch Seite 158/159).

Die Klischees vom Norden und was an ihnen dran ist

Wie aber kommt das sichere Wissen vom «Norden», von dem man nichts wissen kann, weil er geographisch beliebig zu bestimmen ist, in die Welt? Zunächst einmal sind dafür Leute verantwortlich zu machen, die gelehrt über den Norden Europas redeten und schrieben, die vermeintlich exakte Karten zeichneten, ohne ihn je gesehen zu haben – sie hatten sich ein Bild vom Hörensagen gemacht, und dieses gaben sie an die Nachwelt weiter: Der erwähnte Tacitus war der einflußreichste; er hat sich an die Verpflichtung seines Namens, der sinnigerweise etwas mit Schweigen zu tun hat, nicht gehalten.

Bei Plinius dem Älteren bestand noch ein Rest von Zweifel, wenn er in seiner «Naturalis Historia» von der «berühmtesten

Nachbau eines Wikinger-Drachenbootes im norwegischen Lustrafjord, einem nordöstlichen Ausläufer des Sognefjords. Die Galionsfiguren an Heck und Bug der Wikingerschiffe sollten böse Geister abwehren und zu einer guten Fahrt beziehungsweise einem siegreichen Kampf verhelfen.

Insel» im Norden spricht, von «Scatinavia. Ihre Größe kennt man nicht und nur einen Bruchteil davon bewohnt, soviel man weiß, das namhafte Volk der Suiones [= Schweden] mit seinen 500 Gauen. Deswegen nennt man sie einen anderen Erdteil.»

Für Cornelius Tacitus vermengen sich Gerüchte mit Urteilen, seit seiner «Germania» können wir von einer Kontinuität der Klischees vom Norden sprechen. Die Germanen sind ihm durch Einfachheit, Freiheitsliebe, Faulheit und Aggressivität charakterisiert; auch ihre Gesellschaftsordnung ist durch diese Merkmale bestimmt. Dann listet er eine Reihe von Stämmen und Landstrichen des nördlichen Kontinents auf: «Die Nordgrenze [Germaniens] wird vom Meer gebildet, das weite Landvorsprünge und Inselräume von riesigen Dimensionen umspült; es ist noch gar nicht lange her, daß wir einige der dortigen Völker und Könige kennengelernt haben: Der Krieg hat sie uns erschlossen [. . .]. Nach Norden springt Germanien in einem großen Bogen [= Jütland] vor. Gleich zu Anfang wohnen die Chauken [. . .]. In derselben Ausbuchtung Germaniens unmittelbar am Meer wohnen die Kimbern. Jetzt sind sie nur ein kleiner Stamm, doch können sie auf eine ruhmreiche Vergangenheit zurückblicken. Weithin trifft man die Spuren ihrer einstigen Größe [. . .]»

Verwundert man sich über die Detailgenauigkeit Tacitus', der nie vor Ort gewesen ist, so setzt sich diese in seinem Bericht über das Ende der Welt fort: «Nördlich von den Suionen liegt noch ein anderes Meer, träge und fast unbewegt; es soll die Erdscheibe umschließen und ihre Umrandung sein. Diese Ansicht wird dadurch erhärtet, daß dort der letzte Schein der sinkenden Sonne bis zum nächsten Sonnenaufgang fortdauert und so hell bleibt, daß er den Glanz der Sterne überstrahlt. Daß man außerdem noch das Rauschen der emportauchenden Sonne hört, daß man die Umrisse der Sonnenrosse und die Strahlen vom Haupte des Lenkers sieht, fügt der Volksglaube der Germanen noch hinzu. Bis dahin jedenfalls nur reicht nach verbürgtem Gerücht die Schöpfung.» Obwohl Tacitus das Ende der Welt nur von Gerüchten kennt, geht er recht selbstbewußt mit seinem sogenannten Wissen um und läßt sich über die soziale und die Rechtsordnung der Skandinavier aus: «Bei ihnen steht auch der Reichtum in Ehren; darum herrscht nur einer über sie – schon ganz unumschränkt und mit unwiderruflichem Rechtsanspruch auf Gehorsam [. . .]» Dieses Bild des Römers vom Nordeuropäer, gleichsam die Steigerung des barbarischen Germanen, setzte sich für die Nachwelt fest. Aus welchem Anlaß und wann auch immer – die Europäer hatten ein vorgefertigtes Klischee vom Norden und seinen Bewohnern, das mit der Wiederentdeckung der «Germania» des Tacitus' im Zeitalter der Renaissance und des Humanismus Verbreitung fand und auf die inzwischen vorhandenen Erfahrungen aus der Wikingerzeit stieß und sich mit diesen vermengte.

Die flegelhaften Wikinger

Die Wikingerzeit war für Europa eine der fürchterlichsten, wenn man den Mönchen, den Literaten und den Hollywoodfilmern glaubt. Es waren dies «die Flegeljahre des Nordens», so ein berühmter dänischer Dichter, der selbst viel für unbändigen Tatendrang übrig hatte: Johannes Vilhelm Jensen, der Nobelpreisträger von 1944. Doch die Wikinger waren weder ausschließlich den Tod verachtende Mordgesellen, noch trugen sie die gehörnten Helme, wie uns das 19. Jahrhundert und die Comics glauben machen wollen. Die Wikinger waren auch Handelsreisende, Erfinder, Entdecker und Gelehrte. Mit Sicherheit wissen wir heute von ihnen, daß sie die ersten Europäer auf dem amerikanischen Kontinent waren; sie waren nicht aufgrund einer Idee von der Kugelgestalt der Erde in See gestochen, sondern weil sie neugierig und unternehmungslustig waren.

So gibt uns eine arabische Quelle aus dem 10. Jahrhundert noch ein anderes, ein vielschichtigeres Bild der Wikinger, der Normannen oder der Waräger, wie sie auch genannt werden. Sie

Fortsetzung Seite 31

«ALS ES DEN GÖTTERN ZU DÄMMERN BEGANN»

Villy Sørensen (geboren 1929), dänischer Philosoph und Literat, vertraut mit der Existenzphilosophie des vorigen Jahrhunderts ebenso wie mit dem französischen und deutschen Existentialismus der Nachkriegszeit, legt 1982, in der Zeit des NATO-Doppelbeschlusses also, eine spöttische, mindestens eine freche Neuinterpretation der nordischen Mythologie vor: «Ragnarök», der Kampf der Götter mit den feindlichen Mächten und der Weltuntergang, der hier so ganz ohne Wagner und die völkischen Ideologen stattfindet. Es ist unsere Gegenwart, es sind unsere Ängste, die hinter der Satire aufscheinen.

Alles bebt, alles bricht.
Ein Wolf, so groß, daß er den Rachen von der Erde bis zum Himmel aufsperren kann, verschlingt die Sonne. Eine Schlange, so groß, daß sie das gesamte Meer ausfüllt, kriecht an Land, Gift und Feuer sprühend, so daß die Erde Feuer fängt.

Die Esche in Asgard wird vom Erdbeben entwurzelt und in Brand gesteckt, ihre Feuerzweige breiten sich über die ganze Welt aus und holen die Sterne vom Himmel.

Heimdall bläst in sein Horn, lauter als das Donnern des Himmels; die Krieger aus Walhall stürmen auf das Idafeld, aber Riesenvögel, Flugdrachen, Feuerdrachen sind in der Luft, stoßen auf das Feld nieder, landen auf den Kriegern und zerquetschen sie.

Unten in Midgard wimmelt es von Menschen, wie Ameisen auf der Flucht aus einem zerstörten Bau,

das Riesenheer zieht über sie hinweg und die Regenbogenbrücke hinauf, die hinter ihm bricht,

der Wolf fällt in Asgard ein, die Schlange richtet sich auf ihrem Schwanze auf und beißt sich in Odins Hlidskjalf fest, um sich daran emporzuziehen.

Die erhabenen Götter sind ganz klein, wie schwarze Schatten heben sie sich vom brennenden Himmel ab.

Odin schleudert seinen Speer gegen den Wolf, der den Speer verschlingt und Odin dazu.

Tyr hebt seinen Arm gegen den Wolf, aber den linken, der rechte fehlt ihm, und nun verliert er auch den linken.

Freyr kämpft mit beiden Armen gegen turmhohe Riesen.

Thor wirft seinen Hammer nach der Schlange und zerschmettert ihr das Haupt, in hohem Strahl spritzt der Eiter heraus, und Thor schwankt und fällt.

Die Esche ist niedergebrannt, Asgard verraucht, das Meer spült über Midgard hinweg, die Riesenvögel fliegen auf mit Feuer in den Flügeln und verschwinden wie Funken im Rauch.

Links unten: Historische Darstellungen des ausgehenden 19. Jahrhunderts beschwören die Zeit, als die Wikinger die Meere beherrschten. Die kolorierte Zeichnung von Rudolf Cronau zeigt skandinavische Schiffe aus dem 9. und 10. Jahrhundert an der Westküste von Grönland.

Rechts: Obwohl es Thor gelingt, die Schlange Midgard mit dem Hammer Mjölnir zu erschlagen, kann er das Ende der Welt nicht aufhalten (Radierung aus dem 19. Jahrhundert).

DÄNEMARK

Dies Königreich Dänemark ist nicht groß aber sehr gut bevölkert und fruchtbar, mit Korn, Fischen, Weiden und Felder und Wiltpret ... Zu diesem gehören auch noch viele Inseln, wie auch Land in Schweden, wie zuletzt das ganze Königreich Norwegen, das auf 300 Meilen lang aber nicht breit ist ... an meinem Weg wohnt einer von den Räten des Königs, Jakob Krabbe. Sobald er von mir gehört hat, schickte er mir eine Kutsche und Pferde, bat mich auf sein Haus zu kommen.

Augustin Freiherr zu Mörsberg und Beffort, 1603

◁ SCHLOSS FREDENSBORG

Schloß Fredensborg (das «Friedensschloß») wurde 1720 zur Erinnerung an den Frieden zwischen Dänemark und Schweden errichtet. Wenn die dänische Königsfamilie hier ist, beziehen die Soldaten mit den berühmten Bärenfellmützen ihren Wachtposten.

KOPENHAGEN *Blick über die Innenstadt nach Osten. Rechts im Bild das 1892 bis 1905 erbaute Rathaus mit dem 106 Meter hohen Rathausturm.*

MOLS BJERGE *Die Mols Bjerge sind ein Teil der hügeligen Moränenlandschaft von Djursland, Dänemark. Seit der Jüngeren Steinzeit wird in dieser fruchtbaren Region Jütlands Ackerbau betrieben.*

BEI JEKS *Landschaften, die man auf den ersten Blick als typisch für Nordeuropa bezeichnen würde, darf man in Jütland nicht unbedingt erwarten. Dieser See könnte sicher auch in Norddeutschland liegen.*

BEI NYMINDEGAB *Nicht mehr ganz Land, noch nicht ganz Meer: Im Tipperne Nationalpark beim Badeort Nymindegab. Hier, am Ringkøbing Fjord, ist man ganz im Westen von Jütland.*

SKAGEN *Die nördlichste Stadt Dänemarks besteht aus zwei Teilen: Die kleinere, ältere Hälfte «Gamle Skagen» liegt am Skagerrak, die größere mit der Innenstadt am Kattegat. Hier ein Haus im alten Skagen.*

NORRE LYNGVIG *Vom höchstgelegenen Leuchtturm Dänemarks in Norre Lyngvig, Jütland, hat man einen überwältigenden Blick über Land und Meer. Da lohnt es sich, die 264 Stufen zur Aussichtsplattform hinaufzusteigen.*

BORNHOLM *Svaneke liegt ganz im Osten der Insel Bornholm. Es zählt zu den besterhaltenen Orten des Landes; hervorragend restaurierte Fachwerkhäuser des 17. und 18. Jahrhunderts gehören zum Stadtbild.*

Der Architekt Peder Vilhelm Jensen-Klint entwarf die von 1920 bis 1940 erbaute Grundtvig-Kirche. Ihren Namen verdankt diese vielleicht eindrucksvollste moderne Kirche Dänemarks dem Theologen und Schriftsteller Nikolai Frederik Severin Grundtvig (1783–1872).

KOPENHAGEN ▷

berichtet von der sozialen Organisation der Wikingergesellschaft: «Was die ar-Rusiya [= Wikinger] betrifft, so halten sie sich auf einer Insel (oder Halbinsel) auf, die in einem Binnensee [= Nowgorod] liegt. [...] Wenn einer von ihnen einen Sohn bekommt, geht der Vater mit einem gezogenen Schwert zu dem Neugeborenen [...] und wirft es vor ihn hin und sagt: ‹Ich hinterlasse dir keinerlei Eigentum, du hast nur das, was du dir mit deinem Schwert erwirbst.› Sie haben keinen Grundbesitz und keine Städte, auch keine Äcker. Ihr einziges Gewerbe ist der Handel mit Zobel und Eichhörnchen und anderen Fellarten, die sie an die verkaufen, die bei ihnen kaufen. [...] Sie sind reinlich in ihren Kleidern, und die Männer schmücken sich mit Armbändern und Gold. Sie behandeln ihre Sklaven gut, und sie tragen ausgesuchte Kleider, weil sie mit großer Ausdauer auf den Handel eingehen.»

Die «Tacitus-Legende»

Der Freiheitsdrang der Germanen, wie ihn Tacitus beschrieb, wurde assoziativ auch auf die Nordgermanen ausgedehnt, obwohl man von ihnen historisch im Grunde nichts wußte. Damit hätte es sein Bewenden haben können, wenn nicht in den folgenden Jahrhunderten mit diesem sogenannten Wissen Politik gemacht worden wäre. In dem Zusammenhang wäre die «Tacitus-Legende» des großen politischen Theoretikers Montesquieu zu nennen. Mit ihm glaubten führende europäische Vertreter des 18. und auch noch des 19. Jahrhunderts, daß die Form parlamentarischer Demokratie, ja die Freiheitsrechte überhaupt «in den Wäldern Germaniens» entstanden und von dort über England in die westliche Zivilisation gelangt seien. Durch eine ganze Reihe von Werken jener Zeit geistert der Begriff des «Gotischen», der mit dem Norden identisch ist, wenn es um die Beschreibung typischer Regierungsformen und politischer Verhaltensweisen geht: Parteien, Parlamente, Herrschaft der Gesetze, Demokratie werden gleichgesetzt mit altgermanisch-nordischen Traditionen – was erstens nicht stimmt und zweitens *so* bei Tacitus nicht steht. Noch 1817 beschreibt ein deutscher Theoretiker in der von Montesquieu überlieferten Tacitus-Tradition die nationale Identität und die repräsentative Herrschaftsform im Norden: «Wenn Himmel und Boden und eine Menge äußerer Umstände dem National-Charakter und dem Entwicklungs-Gange der Verfassung eine besondere Richtung geben, so war dies vorzüglich in Schweden der Fall.» Könnte man bei ihm noch wohlwollend einige Zweifel aus der Formulierung herauslesen, so sind diese bei späteren «Theoretikern» (siehe oben) gänzlich verschwunden.

Recht und Leben

Möglicherweise hatte es die «Tacitus-Legende» deshalb so leicht, weil es mit der isländischen Freiheitszeit einen Musterfall von frühdemokratischer Regierungsform gegeben hat, in der tatsächlich auf demokratisch-parlamentarischer Basis geherrscht wurde, wenn man, was ja die Regel war, Frauen und Sklaven übersieht.

Dem Norden eine auf Freiheit und Gleichheit begründete Gesellschaftsordnung nachzusagen, fiel insbesondere dem 18. und 19. Jahrhundert leicht – als eine kritisch-historische Überprüfung eher die Ausnahme als die Regel war –, weil es eine Reihe freiheitlicher, um nicht zu sagen demokratischer Tendenzen in der Politik gab, die den Norden vom übrigen Europa unterschieden. Das nordische Rechtssystem handelt in Naturrechtstradition von «ererbten» Freiheitsrechten, nicht von «angeborenen». Im «Jütischen Recht» von 1241 – und in den Landschaftsrechten des übrigen Skandinavien entsprechend – heißt es: «Das Gesetz soll ehrbar, rechtlich und duldsam sein, nach Landesgewohnheit bequem und nützlich und deutlich, so daß alle Menschen erkennen und verstehen können, was das Gesetz sagt. Das Gesetz soll nicht gemacht und geschrieben werden nach dem sonderlichen Wunsch irgendeines Menschen, sondern für den Nutzen aller Menschen, die im Lande wohnen. [...] Das Gesetz, das der König gibt und das Land annimmt, das kann er auch nicht ändern oder abschaffen ohne Willen des Landes, es sei denn, er ist offensichtlich gegen Gott.»

Was damit für die Praxis und ganz konkret gemeint ist, sagt der erste Satz dieses «Jütischen Rechts», er gehört zum Traditionsbestand von Recht und politischer Ordnung im Norden, er steht in fast allen mittelalterlichen Rechtstexten und gehört bis heute zu den Selbstverständlichkeiten: «Mit dem Gesetz soll man das Land bauen.» Nicht die Willkürherrschaft eines einzelnen, sondern die überlieferte, von allen verstehbare und nachvollziehbare Tradition bildet die Grundlage des Gemeinschaftslebens.

Ja, der Begriff «Leben» selbst ist in diesem Zusammenhang wichtig, wichtig insbesondere dann, wenn man die Gesellschaftsordnung des Nordens vergleichen will mit anderen: Auf «das Leben» beruft man sich hier, wenn man zur Begründung einer Entscheidung, zur Legitimation eines Anspruchs eine letzte Instanz benötigt. Nicht Gott, nicht der absolute Herrscher, nicht eine Staatsperson oder eine Philosophie geben die gesellschaftspolitische Grundlage ab, sondern schlicht «das Leben». «Wie das Leben zeigt» dürfte einer der am häufigsten gesprochenen und geschriebenen Sätze im Norden sein – man findet ihn auch bei den großen Philosophen und Dichtern. (Bei Kierkegaard steht: «Es gibt viele Dinge zwischen Himmel und Erde, die kein Philosoph erklärt hat» und – so meint er dies, und so muß man den Satz fortsetzen – die auch kein Philosoph erklären kann.) Mit dem Satz vom Leben wird umschrieben, daß alle nachvollziehen und verstehen müssen, was verordnet, was verbindlich gesprochen, was erklärt wird. Er verweist aber auch auf die Theoriedefizite in Philosophie und Politik, auf die Abneigung gegen das «Intellektualisieren». Vielleicht ist dies eine direkte Folge davon, daß der Norden im Mittelalter keine (oder nur eine sehr schwache) Scholastik hatte, daß sich der Protestantismus bereits im 16. Jahrhundert als «Revolution von oben» gegenüber dem Katholizismus durchgesetzt hat. Der «gesunde Menschenverstand» im Sinn des englischen «common sense» regiert und macht eine Besonderheit von Politik und Philosophie im Norden aus. In den skandinavischen

Links oben: Die Eismeerkathedrale ist das Wahrzeichen der norwegischen Stadt Tromsø.

Links unten: Die Mehrzweckhalle «Globe» in Stockholm.

Rechts: Klare, funktionale Formen kennzeichnen die moderne Architektur Finnlands, hier das Arctic-Center in Rovaniemi.

Sprachen gibt es dazu treffend den Begriff des «Bauernverstandes»; es ist der, den wir alle haben und der nicht unterscheidet zwischen Theorie und Praxis, zwischen Philosophie und Leben.

Der «germanische» Norden und die gestohlene literarische Tradition

Die europäischen Literaturen des Mittelalters hatten einiges gemeinsam und vieles, was sie trennte; auf das Trennende wird noch eingegangen werden. Das Gemeinsame liegt in der Übereinstimmung der Motive: Die Stoffe der altenglischen Literatur, der altfranzösischen finden sich auch in der Literatur des alten Nordens wieder.

Stoffe, Mythen und Motive sind zunächst in den Runeninschriften überliefert, dann vor allem aber in der «Edda» und den «Sagas». Die Sagas haben, was irrtümlich angenommen wird und wesentlich zur Ideologisierung des Nordens beigetragen hat, nichts mit einer mythologischen, einer mythischen Sagenwelt zu tun, sondern sind kunstvoll aufgebaute Prosawerke, die sich um stilistische Meisterschaft bemühen, wie man sie sonst im europäischen Mittelalter nicht findet. In ihren Ursprüngen dürften die Sagas, deren Verfasser meist unbekannt sind, auf eine mündliche Erzähltradition zurückgehen; nach Ausbreitung der Schriftkunst und nach Einführung des lateinischen Alphabets wurden sie dann schriftlich niedergelegt. Ihre Blütezeit waren das 12. und 13. Jahrhundert. Zwischen den vermutlich mündlich tradierten Urfassungen, den oft Jahrhunderte später vorgenommenen schriftlichen Fassungen und den uns überlieferten Handschriften mögen somit große Unterschiede bestehen.

Das Wort *saga* hat im Isländischen mehrere Bedeutungen: von «Aussage» über «Mitteilung» und «Bericht» bis zu «Geschichte» im weiteren Sinne. Dementsprechend schillernd ist das, was man

unter «Sagaliteratur» zu verstehen hat. In der Regel lassen sich fünf Gruppen unterscheiden: die «Isländersagas», sie berichten von den isländischen Bauern und ihren Häuptlingen von etwa 850 bis 1030, das heißt von der Besitznahme der Insel bis zur Einführung des Christentums; die «Königssagas», die norwegische, bisweilen dänische Könige zu Hauptpersonen haben und die bis etwa zum Ende des 13. Jahrhunderts reichen; die «Vorzeitsagas», die *vor* Islands Besiedlung und auch in anderen Ländern spielen; die «Sturlungensaga», die eine Sammlung von Sagas umfaßt, in denen das isländische Sturlungengeschlecht des 13. Jahrhunderts dominiert; und schließlich die «Bischofssagas», die sich mit Leben und Legende der frühen Isländerbischöfe beschäftigen.

Dies sollte man wissen, wenn man sich auf «den Norden» einläßt, da dies der Stoff ist, aus dem die Ideologien sind. Dieser Kanon von Literatur wird zum Gemein-Nordischen, zum Gemein-Germanischen erklärt, und damit wird die historisch-politische und kulturelle Identität verfälscht, wird falsches Bewußtsein erzeugt, im besten Marxschen Sinne sozusagen. Die «germanische» Literatur und Mythologie wurde dem Norden gestohlen; denn die Sagaliteratur ist eine eigenständige skandinavische Literaturgattung. Zwar gibt es in der Stoff- und Motivwahl Parallelen zum Heldenepos und zum höfischen Roman in Deutschland und Frankreich, doch handelt es sich hier um *europäische* Einflüsse, nicht um altgermanische. Und so sind die Sagas von den Skandinaviern auch immer zu Recht als *ihre* frühe Literatur aufgefaßt worden, die sich pangermanistischer Vereinnahmung entzieht. Deutlich wird dies unter anderem am einzigartigen «Sagastil».

Während die Literatur auf dem Kontinent eine ideale, um nicht zu sagen idealistische Welt darstellt, eine Utopie vom Heldenideal, erzählt die Sage realistisch, sachlich und nüchtern. Sie schildert den Alltag, sie handelt von Mord, Totschlag und Blutrache, von Sippenfehden und endlosen Gerichtsverhandlungen.

Links: Der Eingangsbereich des Kultur- und Einkaufszentrums Aker Brygge in Oslo.

Rechts oben: Am Rand der Kopenhagener Altstadt liegt das Tycho-Brahe-Planetarium, das größte und modernste Planetarium Europas.

Rechts unten: Die in einen Felsen gebaute Temppeliaukio-Kirche in Helsinki.

Grauer Himmel und Regen sind keineswegs «Markenzeichen» des nordeuropäischen Wetters: Zwar reicht der Sonnenschein nicht, um die Früchte reifen zu lassen, die auf dem Markt von Helsinki (li.o.) ausliegen, aber für den Besuch eines Straßencafés, etwa in Kopenhagen (li.u.), wird es warm genug. Und wenn sich im Frühsommer die Sonne zeigt ...

Ohne psychologische Erörterungen werden die Personen der Sagas in ihrem Handeln, in ihrem Reden, auch in ihrem Schweigen transparent. Das faszinierte die Ideologen des 19. und 20. Jahrhunderts am alten Norden, das kam ihrer Kriegsmoral sehr nahe.

Zu den Denkwürdigkeiten der Sagas gehört aber nicht weniger der soziale und politische Hintergrund, bedenkt man, daß diese Literatur fast ausschließlich eine Leistung der Isländer ist, ja teilweise ist die «Sagaliteratur» identisch mit der isländischen Geschichtsschreibung. Weder gibt es auf dem Kontinent Vergleichbares, noch können Dänen, Norweger oder Schweden Ähnliches vorweisen. Dies ist um so verwunderlicher, als die Isländer – um das Jahr 1000 waren es etwa siebzigtausend – fast ausnahmslos Norweger waren. Sie emigrierten, nachdem der Wikingerkönig Harald Schönhaar im 9. Jahrhundert begonnen hatte, Norwegen zu einen. Ohne daß zwischen Emigration, der Besiedlung Islands und der literarischen Leistung der norwegischen Isländer ein ursächlicher Zusammenhang abgeleitet werden könnte, war doch ein Großteil der «Sagazeit» zugleich Islands politische Blütezeit. Von der Gründung der Republik, dem Freistaat, der Errichtung des Althings im Jahr 930 (einer Art politischen und rechtsprechenden Versammlung aller freien Männer) bis zur Unterwerfung unter die norwegischen Könige 1262 ist die Insel ein europäisches Musterbeispiel für aristokratisch-republikanische Freiheit (allerdings, wie gesagt, nicht im modernen Sinn), wirtschaftliche Prosperität und literarische Blüte – nicht umsonst gilt Island als «das erste Amerika».

Das «Nordische» an der nordischen Literatur

Immer wieder wird versucht, die skandinavischen Literaturen auf einen (oder ganz wenige) «Generalnenner» zurückzuführen. Als

hätten wir es nicht mit acht oder neun, zumindest aber mit fünf Nationalliteraturen zu tun, mit einem ganz deutlich markierten Plural also. Die Generalnenner, unter denen skandinavische Literatur der Jahrhunderte üblicherweise zusammenzufassen versucht wird und auf die man beim Studium einschlägiger Lektüre immer wieder stößt, sind vor allem: Natur und Naturgefühl, Religiosität, der einzelne und die Gesellschaft.

Diese Verallgemeinerungen sind auch ohne akademisches Vorverständnis einleuchtend, die Beispiele, die auch uns spontan einfallen, decken sie. Die Frage ist nur, ob sie zulässig sind, ob sie tatsächlich aus der Vielfalt herauszufiltern sind, ob nicht wesentliche Merkmale der Literaturen Nordeuropas dadurch verlorengehen.

Wäre es nicht vielleicht genauso angezeigt, statt der «Natur» als Generalnenner eine ihrer Unterkategorien, etwa das «Wetter», als eine solche herauszustellen? Die grandiosen Klima- und Wetterschilderungen in Henrik Pontoppidans «Lykke Per», die Charakter und Stimmungen von Personen und Handlungen plastisch werden lassen, oder gerade der berühmte Beginn seiner Novelle «Mogens» – wird nicht hier auf ein äußerlich gegebenes Strukturelement zurückgegriffen, das treffender mit «Wetter» bezeichnet wäre als mit «Natur»? Man findet hierfür Beispiele bei Hans Christian Andersen, bei Ibsen, bei Hamsun, bei der Lagerlöf, aber auch bei jüngeren Autoren.

Doch niemand schien auf dieses Motiv bisher Wert gelegt zu haben – man hätte dann auch das Mißverhältnis zwischen Realität und Literatur berücksichtigen müssen. Denn wo findet schon jener so häufig beschriebene «herrliche dänische Sommer» statt, der regelmäßig so üppig und so heiß ist? Vielleicht dort, wo diese Literatur nur allzu oft *geschrieben* worden ist, im klimatisch milden Mittelmeerraum, in den sich die skandinavischen Autoren auf ihrer Flucht vor dem miesen Wetter und der geistigen Enge ihrer nordischen Provinz flüchteten?

... feiern die Kopenhagener auf den Straßen und Kanälen ausgelassen Karneval (Mitte) und die Stockholmer beobachten im Kungsträdgården (Königsgarten) das Freiluftschachspiel (re.o.). Nur in der norwegischen Stadt Bergen regnet es wirklich häufig, so daß man selten ohne Regenschirm auskommt (re.u.).

Ein wichtiger Wirtschaftszweig der nordeuropäischen Länder ist die Fischerei: Am finnischen Vietonensee (links oben), auf der dänischen Insel Bornholm (links unten) und auf den Lofoten in Norwegen (rechts).

Wo liegt «der Norden»?

Für die kulturell-geistige Einordnung «des Nordens» ist es relativ unerheblich, wo er geographisch liegt. Da es aber eine Reihe von handfesten Gründen gibt, die für Politik und Alltag wichtige Entscheidungen und Festlegungen bedeuten, sollte man sich die Landkarte doch einmal genauer anschauen und das hieße, sich von der gängigen Kartographie lösen, sein Weltbild neu verorten, dann bekommt die mentale und die politische Verortung praktischen Sinn.

So sind die politischen und militärischen Entscheidungen der Nordeuropäer in Vergangenheit und Gegenwart in hohem Maß abhängig von der geostrategischen Position der Länder; daß dies mehr als nur ein Gemeinplatz ist, wird besonders deutlich, wenn man den uns Mitteleuropäern eingeübten Blick von Süden nach Norden, bzw. überhaupt die eurozentrische Geographie aufgibt zugunsten einer Sichtweise, die den Nordatlantik in den Mittelpunkt der Weltkarte rückt. Dann erscheint Nordeuropa auch kartographisch nicht mehr als Anhängsel Mitteleuropas, sondern liegt deutlich eingespannt zwischen dem europäischen Teil Rußlands, bzw. konkreter zwischen Karelien und der Kola-Halbinsel einerseits und zwischen den Ausläufern des nordamerikanischen Kontinents andererseits. Es wird dann deutlich, daß Nordeuropa auf einer direkten Linie zwischen den ehemaligen Supermächten liegt, sozusagen im unmittelbaren Schußfeld. Das strategische Interesse der beiden Seiten an Nordeuropa war von daher in erster Linie geographisch begründet; die Reibereien um das norwegische Spitzbergen (Svalbard) sind deshalb nicht allein auf die Fischgründe, das vermutete Erdöl oder die dortigen Kohlevorkommen zurückzuführen, sondern vor allem auf die Lage: Spitzbergen, also der nördliche Teil des Nordens, ist etwa gleich weit von den drei Kontinenten Europa, Asien und Amerika entfernt.

Will man es exakt definieren, schließt «Skandinavien» die drei Königreiche Dänemark, Norwegen und Schweden mit ein; der weiter reichende Begriff «Norden» umfaßt zusätzlich die zwei Republiken Island und Finnland und darüber hinaus noch die drei autonomen Gebiete Grönland und die Färöer, die zu Dänemark, und die Ålandinseln, die zu Finnland gehören. Folgerichtig wird der Norden symbolisiert in einem stilisierten weißen Schwan mit acht Schwingen auf blauem Grund; sicherlich ist es nur eine Frage der Zeit, bis als neunte Schwinge die Nation der etwa fünfzigtausend Samen hinzukommt, die – über Norwegen, Schweden, Finnland und Rußland verstreut – immer deutlicher nach mehr Selbstbestimmung verlangen.

Im «Norden» (ohne Grönland und die Färöer) leben etwas mehr als 22 Millionen Menschen, die Größe mit 1,2 Millionen Quadratkilometern entspricht etwa der von Großbritannien, Frankreich, Deutschland und Italien zusammen.

Monarchia Scandinavica

Die skandinavischen Monarchien stehen auf vielfältige Weise für die Widersprüche, Besonderheiten und Denkwürdigkeiten moderner Regierungssysteme und demokratischer Gemeinschaften: Gelten die skandinavischen Gesellschaften unter den modernen Staaten als vorbildliche Demokratien liberalen Zuschnitts, so lesen sich ihre Verfassungen wie die schriftlichen Überbleibsel aus vorkonstitutionellen Zeiten. Nur Schweden hat seinen Parlamentarismus und den Verfassungstext soweit perfektioniert, daß hier die demokratischen Grundsätze auch ausgeschrieben sind, so daß, wenn man die Verfassung liest, zugleich ihr Funktionieren verständlich wird; für Dänemark und Norwegen gilt dies nicht so deutlich.

Zu den traditionellen Widersprüchen skandinavischer Politik gehört, daß die sozialdemokratischen Parteien seit ihrer Grün-

Wichtigster Exportartikel der Lofoten ist der Stockfisch: Der im Frühjahr gefangene Dorsch (links) wird auf großen Holzgestellen zum Trocknen aufgehängt (rechts unten).

Stolz zeigt ein Fischer am Varangerfjord in Norwegen dem Fotografen eine große Scholle (rechts oben).

Fortsetzung Seite 63

SCHWEDEN

Gegen Westen war das Land voller Felsenkuppen und Berggipfel, die in der Ferne immer höher und wilder wurden. Ostwärts war auch hügeliges Land; da aber senkte es sich und wurde niedriger, bis es sich drunten am Meere schließlich ganz flach hinzog. Überall blinkten Bäche und Flüsse, die ... einen gar beschwerlichen Lauf mit vielen Stromschnellen und Wasserfällen hatten, sich aber ausbreiteten, glänzend hell und breit wurden, sobald sie sich der Küste näherten.

Selma Lagerlöf, um 1906

◁ SCHLOSS SKOKLOSTER

Das im Stil italienischer Paläste erbaute Schloß Skokloster zählt zu den schönsten Schloßbauten Schwedens. Es beherbergt Kunstschätze, die seine Besitzer über Jahrhunderte zusammengetragen haben. Seit 1967 gehört Skokloster dem schwedischen Staat.

BOSJÖKLOSTER *Ein Besuch des Bosjöklosters bietet sich als Ausflug von der einige Kilometer südwestlich gelegenen Stadt Eslöv an. Es wurde 1080 als Benediktinerkloster gegründet.*

VÄRMLAND *Charakteristisch für die mittelschwedische Landschaft Värmland ist dieser gelbgetünchte Herrenhof bei Arvika, einer kleinen Industriestadt, die eine Kolonie von Künstlern und Kunsthandwerkern im Sommer in ein blühendes Kulturzentrum verwandelt.*

VÄRMLAND

Värmland gilt als «Land der Dichter». Die berühmteste unter ihnen ist die Literaturnobelpreisträgerin Selma Lagerlöf. Man kann sich gut vorstellen, daß die dünnbesiedelte Gegend mit den verstreuten Gutshöfen sie beim Schreiben des «Gösta Berling» inspirierte.

KIOSK

IN BOHUSLÄN *Von Göteborg bis zur norwegischen Grenze erstreckt sich Bohuslän. Charakteristisch für diese karge Küstenlandschaft sind zahlreiche Inseln, tief ins Land führende Fjorde und mächtige Felsen in allen erdenklichen Formen.*

KATRINEHOLM

Holz, in leuchtenden Farben gestrichen, dient in Schweden seit Jahrhunderten auch für Kirchen als Baumaterial; ein Beispiel dafür ist die idyllisch gelegene St. Malmkirche bei Katrineholm.

STOCKHOLMER SCHÄRENGARTEN

Über zwanzig Prozent der schwedischen Haushalte besitzen ein Sommerhaus. Ob groß oder klein, luxuriös oder ganz schlicht: Das Leben am Wasser läßt sich mit jeder »Stuga« genießen.

ypotek

MALMÖ *Malmö ist die drittgrößte Stadt Schwedens und ein Handelsplatz mit langer Tradition. Hier ein Blick auf Stortorget, den Marktplatz.* *Das Reiterstandbild links zeigt Karl X. Gustav; rechts das Rathaus aus dem 16. Jahrhundert.*

STOCKHOLM *Hinter den beiden zum Riddarhuset gehörenden Pavillons auf Riddarholmen erhebt sich die Riddarholmskirche, eines der ältesten Gebäude Stockholms, und der Stenbocksa palatset (Bildmitte).*

STOCKHOLM

Abendsonne auf Söder Mälarstrand, dem Nordufer der Insel Södermalm, mit der von 1916 bis 1923 erbauten Högalidskyrkan.

Das ehemalige Arbeiterviertel Södermalm zählt heute zu den beliebten Stockholmer Wohngegenden.

SÜDSCHWEDEN

«Es ist eine lustige Landschaft, fruchtbar, mit vielen Flecken und Städten und Orten, mehr als ich sonst in Schweden gesehen habe.»
Augustin Freiherr zu Mörsberg und Beffort, um 1600

DALARNA *«Schweden im Taschenformat» wird die wald- und seenreiche Hügellandschaft im Norden Svealands genannt. Das Bild Schwedens im Ausland wird vor allem von diesem Gebiet geprägt. Obwohl das ganze Jahr über Touristen kommen, findet man immer ein stilles Plätzchen.*

VÄRMLAND *Viehzucht und Forstwirtschaft spielen in der Provinz Värmland eine große Rolle; hier schottische Hochlandrinder bei Årjäng.*

NORRLAND *Der Piteälv fließt von der norwegischen Grenze in südöstlicher Richtung durch Norrland, bis er bei Piteå breit und gemächlich in den Bottnischen Meerbusen mündet. Gesäumt wird er von Mischwald und kleinen Orten mit den typischen schwedischen Holzhäusern.*

STORUMANSEE *Die reichen Fisch- und Jagdgründe lockten bereits vor 250 Jahren erste Siedler in diese Gegend Nordschwedens. Eine städtische Ansiedlung entstand aber erst um 1930 mit dem Bau einer Eisenbahnlinie.*

SAREK-
NATIONALPARK

Der Nationalpark wurde 1909 eingerichtet. Wer dieses einsame Gebiet Nordschwedens zu Fuß erkundet, muß geübter Wanderer sein, denn hier gibt es weder befestigte Wege noch gute Beschilderung.

SCHWEDISCHE SEENLANDSCHAFT

Finnland, nicht Schweden trägt den Beinamen «Land der Seen». Jedoch hat Schweden 96 000, Finnland «nur» 60 000 stehende Gewässer. Ein Drittel der schwedischen Seen liegen in Lappland. Hier der Vuotnersjön bei Arvidsjaur.

Wirtschaftliche Bedeutung erlangte Storuman in den dreißiger Jahren, als es zum Kreuzungspunkt mehrerer Verkehrsadern durch Lappland wurde: Straßen und die Eisenbahnlinie von Östersund nach Gällivare wurden damals gebaut.

BEI STORUMAN ▷

dung bis in die heutige Zeit fordern, die Monarchie abzuschaffen und die Republik einzuführen – während ihrer langjährigen, ja jahrzehntelangen Regierungszeiten haben sie aber in keinem der drei Länder jemals ernsthafte Anstalten gemacht, dies in die Realität umzusetzen. Ein weiterer Widerspruch ist, daß die Gesellschaften zwar auf «demokratischem Urgestein» (Hans Magnus Enzensberger in «Ach Europa!» über Schweden) basieren, aber dennoch das Prinzip der konstitutionellen Erbmonarchie mit den dazugehörigen politischen Ritualen und gesellschaftlichen Symbolen unanzweifelbares Gemeingut der Nationen ist: in Norwegen mehr als in Dänemark und dort wieder mehr als in Schweden.

Ist Norwegen unter die «jungen» Staaten zu rechnen und daher in Fragen nationaler Identität äußerst sensibel – es wurde erst 1905 (mit Einschränkung 1814) unabhängig –, so war es die deutsche Besetzung des Landes von 1940 bis 1945 und die Entscheidung des Königs, zusammen mit «seiner» Regierung und dem Parlament ins englische Exil zu gehen, die die Monarchie zum unangefochtenen Symbol der nationalen Einheit und norwegischen Identität gemacht haben. Der monarchische Widerstand gegen die nationalsozialistische Okkupation schuf einen nationalen Konsens von Dauer – in einem Land ohne Adel.

Ähnliches kann man von der dänischen Monarchie sagen, nur daß hier der Monarch – Christian X. – im Land blieb und eher zu einem stillen Symbol der nationalen Integrität wurde, wenn er während des Krieges (fast) täglich durch Kopenhagen ritt. Position und Stärke der Monarchie heute – anders als in Großbritannien – beruhen ganz offensichtlich vor allem auf der Intellektualität, der Integrität und der künstlerischen Begabung der Monarchin, Königin Margrethe II.

In keinem der Länder haben die Monarchen noch reale politische Macht. Seit 1975 ist der schwedische König Staatsoberhaupt ohne institutionelle Macht. Dies heißt aber nicht, daß die Monarchen nicht eine wesentliche politische Funktion hinsichtlich des nationalen Selbstverständnisses und der politischen Kultur hätten; sie sind in der Tat die Repräsentanten ihrer jeweiligen Nation. Die immer wiederkehrenden Debatten über die Abschaffung der Königshäuser in den einzelnen Ländern stabilisieren regelmäßig das monarchische Prinzip.

Unter politischem und sozialem Gesichtspunkt ist es interessant, daß Norwegen aufgrund seiner Kolonialgeschichte mit Dänemark, zu dem es bis 1814 gehörte, auch heute noch keinen eigenen Adel hat: Das Land wurde von Kopenhagen regiert, die Eliten dort ausgebildet, und sie waren auch dort ansässig. Als man 1814 eine liberale Verfassung annahm, brauchte man schließlich keinen Adel mehr; die herrschende Schicht rekrutierte sich aus Beamten, Pastoren und schließlich der Bauernschaft.

Was ist «der Norden»?

Es muß eine Reihe von Gründen geben, weshalb «der Norden» in Vergangenheit und Gegenwart seine Bewunderer, seine Verteidiger aber auch seine Verfälscher gefunden hat. Es muß Anhaltspunkte geben, weshalb «der Norden» über alle nationalen, geographischen und natürlichen Unterschiede hinweg als Einheit betrachtet worden ist. Es kann nicht alles Ideologie sein. Und es gibt diese Gründe in der Tat.

Zu den wesentlichen Elementen, die den Norden einen, gehört zunächst einmal eine über weite Strecken hinweg gemeinsame Geschichte, die allerdings häufig genug auch in gemeinsamen Rivalitäten bestand: Die Kalmarer Union von 1397 bis 1523, eine dynastische, von Margrethe I. begründete Einheit der drei nordischen Reiche; die politische und wirtschaftliche Einheit Dänemarks, Norwegens, Islands, Grönlands und der Färöer zwischen 1380 und 1814, die ihre Spuren im skandinavischen Bewußtsein hinterlassen hat; die Reichseinheit Schwedens mit Finnland bis 1809 und schließlich die querelenreiche Personalunion Schwedens mit Norwegen zwischen 1814 und 1905. Diese gemeinsamen Jahrzehnte waren für den jeweils schwächeren Partner in der Regel bittere Zeiten; die Bedeutung, die diese Zeitabschnitte für die Bildung eines gemeinsamen nordischen Bewußtseins hatten, liegen denn auch eher in der ideologischen, rückschauenden Perspektive denn in materiellen Ergebnissen. In der Rückschau wirkt erfahrungsgemäß vieles rosiger.

Skandinavismus

Von besonderem Interesse ist in dem Zusammenhang eine übernationale Bewegung, der «Skandinavismus» des 19. Jahrhunderts. Zunächst eine literarische, dann aber ab Mitte des Jahrhunderts eine dezidiert politische Bewegung, muß er im Zusammenhang mit der deutschen und der italienischen Einigungsbewegung gesehen werden, auch mit dem zeitgenössischen «Panslawismus». In der Romantik waren die Dokumente der nordischen Literatur wieder entdeckt worden, man vertiefte sich in die eigene Geschichte und begriff sie im Herderschen Sinne als bestimmend für den Volkscharakter, man erforschte die nordischen Sprachen und ihre Verwandtschaft, man schwärmte für einen nordischen «Universalismus». Kennzeichnend dafür waren die gewaltigen skandinavischen Studententreffen der vierziger und fünfziger Jahre mit Tausenden von Teilnehmern, die ganze Generationen inspirieren und politisch prägen und die im späten 20. Jahrhundert ihre Folgen in der praktischen Zusammenarbeit zeitigen sollten.

Der Skandinavismus des 19. Jahrhunderts wurde mit dem Jahr 1864 zu Grabe getragen. Daß der Konflikt um Schleswig und Holstein 1848 bis 1850 und dann wieder 1864 ohne die tätige und versprochene Hilfe der nordischen Nachbarländer ausgetragen und verloren wurde, war nicht nur für Dänemark eine der bittersten Erfahrungen der jüngeren Geschichte, sondern hat auch die weitere Zusammenarbeit auf konkreter Basis für Jahrzehnte verhindert – das Vertrauen war geschwunden. In der öffentlichen Meinung verkam der Skandinavismus zum «Punsch-Skandinavismus», das heißt, er wurde nurmehr als rhetorische Übung bei feierlichen Anlässen hochgehalten.

Im Freilichtmuseum Leksand findet in der ersten Juliwoche das große schwedische Folklore-Festival »Musik vid Siljan« statt (links oben, Mitte).

Wichtig für das Zusammengehörigkeitsgefühl im Norden war darüber hinaus eigentlich weniger die Erfahrung des Scheiterns, die Erfahrung der eigenen Fehlbarkeit als die Fixierung auf einen neuen mächtigen Feind: Deutschland. Spätestens seit Ende des 19. Jahrhunderts, wenn nicht schon seit dessen Beginn kommt auch Mißtrauen, zuzeiten Feindschaft in die deutsch-skandinavischen Beziehungen; das 20. Jahrhundert hat dieses Mißtrauen dann bestätigt und vertieft.

Die Homogenität der Gesellschaften

Ein weiteres einendes Element ist die Religion. Nach der relativ späten Christianisierung (um 1000) wurde im 16. Jahrhundert die protestantische Reformation vollständig und von oben durchgeführt. Im Zuge der Auflösung der Kalmarer Union, der Absetzung des dänischen Unionskönigs Christian II. und der Etablierung der Vasa-Dynastie in Schweden wurde die Reformation als mächtiges politisches Mittel eingesetzt, um eine neue Ordnung durchzusetzen. Adel und gelehrtes Bürgertum benutzten die Reformation gegen eine verhaßte Herrschaft, sie war keine Volkserhebung wie andernorts.

Mit Ausnahme einer kurzen Periode in Schweden blieb die katholische Gegenreformation in Skandinavien erfolglos. Über neunzig Prozent der Bevölkerung im Norden sind heute protestantischen Glaubens, und – folgenschwerer – die Kirche hat seit dem 16. Jahrhundert politisch keine Rolle mehr gespielt. Als soziale Einrichtung, als Bildungsinstitution sollte sie dafür um so mächtiger werden.

Gelten die skandinavischen Länder als religiös homogen, so gilt dies ebenso im Hinblick auf die ethnische Geschlossenheit: Es gibt in Skandinavien so gut wie keine ethnischen oder nationalen Minderheiten. Mit Ausnahme der etwa 20 000 sich zur

deutschen Kultur Bekennenden in Nordschleswig, den 345 000 Schweden in Finnland, den 250 000 Finnen in Schweden und den etwa 50 000 Samen (Lappen) im äußersten Norden gibt es damit keine oder nur denkbar schlechte Voraussetzungen für nationale Konflikte im Norden. Bilden unterschiedliche Religionszugehörigkeiten und nationales Bekenntnis in Europa traditionellerweise die Ursachen für leidvolle Auseinandersetzungen, so sind diese in Skandinavien eigentlich nicht vorhanden. Über nationale Identität brauchte man sich selten viele Gedanken zu machen. Die Zuwanderer aus Südeuropa in der zweiten Hälfte des 20. Jahrhunderts – Menschen, die man anderswo «Gastarbeiter» nennt, die im Norden aber «Einwanderer» heißen – hat dieses idyllische Bild verändert; eine verstärkt in Schweden, aber auch in den anderen Ländern festzustellende Debatte über die eigene Identität und Mentalität hat zu tun mit der Infragestellung der ethnischen Homogenität durch ebendiese Einwanderer.

Frappierend im Zusammenhang mit den «nordischen» Elementen ist immer wieder die sprachliche Einheit des Nordens. Sieht man ab vom Finnischen, das nicht zu den indogermanischen Sprachen zählt, so sind die drei skandinavischen Hauptsprachen einander so ähnlich, daß sich die Skandinavier mühelos untereinander verständigen könnten – wenn sie wollten. Die Kommunikation funktioniert auf Konferenzen und im Alltag folgendermaßen: Ein jeder spricht seine Sprache und wird vom jeweils anderen verstanden; nur mit dem Isländischen ist es schwierig, da das moderne Isländisch eine nur geringfügig veränderte Form des alten ist, während sich Dänisch, Norwegisch und Schwedisch entwickelt, modernisiert haben. Aufgrund dieser engen sprachlichen Verwandtschaft gibt es eigentlich keinen vernünftigen Grund, dänische Literatur ins Schwedische oder Norwegische zu übersetzen (und umgekehrt) – allein die Gesetze der Trägheit stehen offensichtlich noch vor denen der Verwandtschaft …

Die meisten Åländer fühlen sich als Schweden. Sie pflegen alte Bräuche, um die Kultur der zu Finnland gehörenden, aber politisch autonomen Inseln zu erhalten.

Links unten, rechts oben: Mittsommernachtsfest im Freilichtmuseum Jan Karlsgarden bei Sund.

Rechts unten: In Eckerö.

Verspätungen

Mit vielen Erfindungen des Kontinents machte der Norden erst mit einer gewissen Verzögerung, zum Teil mit erheblicher Verspätung Bekanntschaft. Das Christentum setzte sich erst im 11. Jahrhundert durch, als im Süden bereits festgefügte christliche Institutionen und Strukturen bestanden. Die Reformation gelangte noch fast gleichzeitig nach Skandinavien, aber die europäische Aufklärung, wie überhaupt die literarischen Tendenzen, kommen viel später, meist über Dänemark in die nordischen Länder. Der Absolutismus, der in Dänemark 1660, bzw. 1665 per Gesetz eingeführt wird, wird dort erst 1849 durch eine liberale, fast moderne Verfassung abgelöst, das heißt, auch der politische Liberalismus, die demokratischen Strömungen kommen spät in den Norden und setzten sich noch später in institutionalisierter Form durch.

Generell wird der Beginn der Industrialisierung in Skandinavien mit 1870 angegeben, zu einem Zeitpunkt also, da das Bildungsniveau schon relativ hoch war, als die politische, die demokratische Erneuerung schon weiter fortgeschritten war, als die tragenden politischen Schichten – nämlich die Bauern – ihre Organisationsform gefunden hatten und die neuen Schichten – die Arbeiter – gerade dabei waren, ihre Interessenvertretungen zu formieren, die Gewerkschaften und die sozialdemokratischen Parteien. Das Fehlen von Rohstoffen (Schweden ist hier die Ausnahme), vor allem aber von Primärenergie (nur Holz gab es sehr reichlich), hat die größten Übel der industriellen Revolution verhindert; insbesondere in den Anfangszeiten gibt es keine industriellen Ballungszentren, die einem europäischen Vergleich standhalten könnten. Die industrielle Revolution verläuft verspätet und langsam; erst um die Mitte dieses Jahrhunderts überrundet der industrielle Anteil am Bruttosozialprodukt den agrarischen.

Am Beispiel der industriellen Revolution läßt sich sehr gut verdeutlichen, welche Vorteile die Verspätungen im allgemeinen für die nordischen Gesellschaften hatten: Die Auswüchse waren auf dem Kontinent bereits erprobt, man kannte die Nachteile der neuen «Erfindungen» und konnte dementsprechend bereits in der Anfangsphase auf erprobte Modelle zurückgreifen – beispielsweise auf die in Deutschland begründete moderne Sozialpolitik als Antwort auf die sozialen Probleme bei der Erneuerung der Gesellschaft. Dies gilt in gleicher Weise für den Prozeß der Christianisierung wie den der Aufklärung: Man konnte gelassener auf die Neuerungen reagieren, kannte Vor- und Nachteile und konnte bisweilen Elemente der alten Form hinüberretten in das neue Zeitalter. Wo andere blind waren, blieb man kritisch, weil sich die Fehlentwicklungen bei den anderen studieren ließen.

Bei der Betrachtung der «Verspätungen» sollte allerdings auch erwähnt werden, daß es seit dem Ende des vorigen, spätestens aber seit den dreißiger Jahren dieses Jahrhunderts eine erhebliche «Verfrühung» in der politischen und sozialen Entwicklung der skandinavischen Gesellschaft festzustellen gibt – immer im Vergleich mit anderen entwickelten Gesellschaften –, jene, die in den Wohlfahrtsstaat mündete. Soziale Gerechtigkeit, liberale Politik und nicht zuletzt ein gehöriges Maß an Wohlstand für alle, das sind Errungenschaften im Modernisierungsprozeß von Gesellschaften, die im Norden viel früher auftraten als im Süden. Der Versuch, eine zivile Gesellschaft jenseits der politischen und wirtschaftlichen Glaubenssätze aufzubauen – «zwischen Sozialismus und Kapitalismus» war dafür gerne die Metapher –, hat zwar vielen nicht gepaßt, gehört aber zur politischen Erfolgsstory des Nordens. Die Rechtfertigung für dieses positive Image, das sich der Norden seit den dreißiger Jahren, spätestens aber in den Siebzigern erworben hatte, liegt wiederum im schlichten Vergleich: Betrachtet man die politische Geschichte des Nordens in diesem Jahrhundert, die eine Geschichte der politischen Stabilität gewesen ist, und vergleicht sie etwa mit der Frankreichs, von Deutschland ganz zu schweigen, dann erübrigt sich jeder weitere Kommentar. Die frühzeitige Ausrichtung der Politik an politischer Liberalität, sozialer Gerechtigkeit und wirtschaftlicher Effizienz war der Preis für eine politische Geschichte ohne Brüche, ohne Massenideologien, ohne Heilserwartungen. Sieht man sich das übrige Europa an, so hat sich dieser Preis gelohnt.

Emigration

Zu den gemeinsamen Erfahrungen, die wesentlich das Identitätsbewußtsein in Nordeuropa ausmachen, gehört ein im Grunde negatives Element, die Emigration. Moderne Anbaumethoden in der Landwirtschaft, verbesserte hygienische Verhältnisse, weniger Kriege und Seuchen, aber auch andere Gründe hatten seit dem Ende des 18. Jahrhunderts eine fallende Sterblichkeitsrate zur Folge. Durch das sprunghafte Anwachsen der Bevölkerungszahl lebten im Norden mehr Menschen, als er ernähren konnte. Dies ist der soziale und demographische Hintergrund für die im großen Stil ab Mitte des vorigen Jahrhunderts einsetzende Massenemigration vor allem aus Norwegen und Schweden und vornehmlich in die Vereinigten Staaten. Die Auswanderung war *ein* Ventil, um den politischen und sozialen Konflikten des 19. Jahrhunderts zu begegnen. Es kam in Skandinavien nicht zu Unruhen wie an anderen Orten, weil Amerika die Unzufriedenen aufnahm – und das massenhaft.

Aus Schweden wanderten bis in die Anfänge dieses Jahrhunderts 1,2 Millionen Menschen (bei etwa 5 Millionen Einwohnern um die Jahrhundertwende) aus, Norwegen verließen 880 000 (bei 2,2 Millionen Einwohnern). Die Emigranten kamen aus den unteren gesellschaftlichen Schichten. Sie wurden geschoben von den sozialen und ökonomischen Problemen ihrer Heimat, zunächst vom Land in die Stadt, dann in die Hafenstadt, dann nach Amerika; und sie wurden gezogen von ihren Vorgängern, die eine Existenz auf der anderen Seite des Atlantiks gefunden hatten, von Geschäftemachern und Glücksrittern – nicht zuletzt lockte die Religionsfreiheit in Amerika. Viele von ihnen kehrten nach einigen Jahren aber auch wieder zurück, entweder gescheitert oder aber mit einer neuen Lebensgrundlage.

SCHWEDENS
GROSSER «DICHTERSÄNGER»:
CARL MICHAEL BELLMAN

Carl Michael Bellman (1740–1795) war ein schwedischer Anakreontiker von europäischem Maßstab und zu seiner Zeit der gefeiertste Dichter Schwedens. Unter dem Mäzenat von Gustav III. sang Bellman von Liebesglück und Lebensleid. Wo immer heute Schweden oder Schweden-Freunde feiern, tun sie es mit Bellman-Liedern.

Mit sechs Jahren kam ich in die Maria-Schule. – Mein Großvater, Magister Hermonius, war dort Prediger, und mein erster Informator war der allgemein bekannte Hübner, später Dr. Kulström, dessen großer Liebling ich war. Von ihm lernte ich das Buchstabiren. Ich war außerordentlich fleißig und besitze einen noch lebenden Schulkameraden in dem Königlichen Secretair Bryssel, der ausgezeichnet Klavier spielt. Nach vielen Informatoren erhielt ich zum Schluß Höckert und durch ihn letzte Feile; er schlug mir mit dem Lineal auf die Fingerspitzen, weil ich den Euklides und die Metaphysica nicht begreifen konnte. [. . .]

Endlich klärte sich der Himmel auf! Meine Eltern hatten bemerkt, daß ich einmal, im Fieber-Paroxysmus, Alles in Versen ausgesprochen und nachher auch mit einer solchen Vollkommenheit gesungen habe, daß es ein allgemeines Erstaunen erregte. [. . .]

1759 war ich zum erstenmal betrunken, und schlief auf meiner Mutter Schooß, nachdem ich mir beim holländischen Minister Martewill einen Pontaksrausch geholt hatte.

Ich kam heim so roth und schön
Eines Nachmittags um viere;
Meine Schwestern, mich zu seh'n,
Traten lächelnd vor die Thüre;
Nachbarn, Nachbarinnen gingen
Grad' zur Kirche zum Gebete,
Während auf des Pontak's Schwingen
Muttern ich entgegentrete.

«Mein Carl Michael» sagte sie,
«Wo, mein Kind, bist Du gewesen?» –
««Mütterchen, das können Sie
««Ja auf meinem Antlitz lesen!»» –
«Ja so, so, so, armer Tropf,
«Setz dich her zu meinen Füßen,
«Leg' auf meine Knie den Kopf,
«Wer gesündigt hat, muß büßen!» –

Ist es da zu verwundern, daß jeder meiner Gedanken, jeder Athemzug mein unglückliches Dasein auffordert, von ganzer Seele, die Frauen zu verehren? [. . .] Ich sehe eine Liebesgöttin in jedem alten Besen in niedergetretenen Schuhen – mein Gott – eines Frauenzimmers Sohle, auf der sie im Gröna Gången [Grüner Gang, ein Gemüsemarkt in Stockholm] wanderte giebt meinen Augen mehr Leben und Wollust, als der Lorbeerkranz, mit dem man mich auf der Medaille ehrte.

Links unten: Junge schwedische Frauen, wie Bellman sie vor mehr als zweihundert Jahren in seinen Gedichten kunstvoll zu preisen verstand.

Rechts: Was Bellman in seinen Liedern besang, zeichnete mit flottem Strich der mit ihm befreundete Johan Tobias Sergel: die Kunst des leichten Lebens. Hier die Federzeichnung «Ball in der Börse. Sergel schnarcht».

Zwischen 50 000 und 60 000 Samen leben nach Schätzungen samischer Organisationen in Lappland.

Links oben: Eine Samin mit ihrer Rentierherde.

Links unten: Der Kollege benutzt die Moto-Cross-Maschine, um seine Tiere zu hüten.

Rechts: Eine Konfirmandin in festlicher Tracht.

Es gab wohl kaum eine Familie im Norden, die nicht Angehörige in Amerika hatte, die nicht bis heute von Verwandten über dem großen Teich zu berichten weiß. Andererseits, da sich die Skandinavier in ganz bestimmten Regionen niederließen, blieb die «skandinavische Identität» auch in Amerika recht robust – man gibt sich auch heute noch gerne als Schwede und Norweger zu erkennen, obgleich man bereits in der fünften Generation in der «Neuen Welt» lebt und kein Wort der jeweiligen Sprache versteht. Etwa um die Jahrhundertwende war Chicago die zweitgrößte «schwedische» Stadt der Welt (nach Stockholm); in Minnesota, Wisconsin und im Staat Washington ließen sich die Schweden und Norweger bevorzugt nieder.

Diese Emigrationserfahrung einer Gesellschaft prägte das Identitätsgefühl: Die Literatur ist voll von Texten, die um das Schicksal Ausgewanderter oder die Emigration selbst kreisen; auch die sozialen Veränderungen der zwanziger und dreißiger Jahre – etwa in Schweden – wurden aufgrund der Massenemigration in Gang gesetzt, nach dem Motto, es muß in unserem Land vielleicht doch etwas nicht stimmen, wenn so viele auswandern.

Volksbewegungen

Jede gesellschaftliche Kraft in Skandinavien, die es zu einem nennenswerten Zulauf bringt, wird als «Volksbewegung» bezeichnet: Die Atomkraftgegner sind ebenso eine solche wie die Arbeiterbewegung, die Temperenzler («Antialkoholiker»), die Erweckten, die Freikirchen usw. Die historischen Bewegungen entstanden im frühen 19. Jahrhundert, sie waren die Klammer zwischen Altem und Neuem, sie waren in erheblichem Maß die Transporteure der Moderne – ökonomisch, politisch und gesellschaftlich.

Die pietistischen «Erweckungsbewegungen» waren solcherart die ersten Volksbewegungen; es waren dies innerkirchliche

Oppositionsbestrebungen gegen das kirchliche Establishment, die sich in der Regel um Laienprediger scharten, die zunächst auf dem Lande erfolgreich waren und deren politische Bedeutung nicht zu unterschätzen ist: Lernten doch hier die Bauern und die einfachen Leute sich zu artikulieren, zu debattieren, ja häufig erst zu lesen – Fähigkeiten, die zu jener Zeit von großer Wichtigkeit waren. Insofern waren die Erweckungsbewegungen, wie die Volksbewegungen überhaupt, Vorschulen der Demokratie, die am Vorabend des demokratischen Zeitalters, jedenfalls *vor* der Industrialisierung, in religiöser, sozialer und auch in politischer und ökonomischer Hinsicht den Gestaltungswillen vieler Bürger für die Entwicklung einer liberalen Gesellschaftsordnung fruchtbar werden ließen. In ihnen äußerte sich das gewachsene Selbstbewußtsein breiter Schichten der Bevölkerung.

Die Folgen der kulturellen wie der sozialen Bindungslosigkeit, die die steigende Mobilität und die aufkommende Industrialisierung mit sich brachten, konnten die Volksbewegungen auffangen; in ihren Gemeinschaften wurde eine verlorengegangene soziale Sicherheit neu praktiziert.

Mit der «Volkshochschulbewegung» tritt zur Mitte des 19. Jahrhunderts die wohl wichtigste Volksbewegung hervor. Begründet von dem Dänen Nikolai Frederik Sverin Grundtvig (1783–1872), versuchten die Volkshochschulen den Bauern *praktische Bildung* in bewußter Abhebung von der «Buchweisheit» zu vermitteln. Im Rückgriff auf die altnordische Sagaliteratur, auf den skandinavischen Mythenstoff, auf das Nationalgefühl – in Anlehnung an das angelsächsische *common-sense*-Bewußtsein und die *common-law*-Tradition und in bewußter Abhebung vom römischen Altertum wie von allem Deutschen – bringt Grundtvig in der *folkelighed* das politische Selbstverständnis der Dänen auf den Begriff. In ihm ist das spezifisch Dänische zusammengefaßt: die historischen Erfahrungen, die Liebe zur eigenen Sprache, der

Links: Romantik empfindet der Betrachter – und vielleicht auch der Same, der sich hier für den Fotografen in Positur begeben hat; für die einstigen Bewohner des Zeltes stellte sich das Leben sicher weniger idyllisch dar.

Rechts oben und unten: Zwei Möglichkeiten, sich zweckmäßig im Schnee fortzubewegen . . .

Fortsetzung Seite 83

SÜDNORWEGEN

Hierher soll jeder Maler kommen. – Alle möglichen Naturschönheiten, die er sich nur denken kann, findet er hier in schönster Harmonie vereint. Man wird gleichsam erdrückt von dieser Fülle und Reichhaltigkeit, – und der Maler könnte aus *einer* Ansicht unzählige Bilder schaffen. – Auch die Vegetation ist hier viel kräftiger und üppiger, als ich sie so hoch im Norden zu finden hoffte ... das Grüne der Wiesen war von unnachahmlicher Frische, das Gras mit Kräutern und Blumen durchwirkt.

Ida Pfeiffer, 1845

◁ SOGNEFJORD *Größter Fjord Norwegens mit einer Länge von 175 Kilometern ist der Sognefjord, dessen äußerstes Ende Lustrafjord heißt. Dort, im Landesinneren, lösen liebliche, besiedelte Ufer die steilen Felswände ab.*

STABKIRCHEN *Form und Bauweise der Stabkirchen erinnern an ein Schiff. Hier die Kirche von Urnes am Lustrafjord, eine der ältesten ihrer Art.*

OSLO *Blick von einem der beiden Rathaustürme Richtung Hafen: Rechts das moderne Kulturzentrum Aker Brygge, links der Hafen Pipervika, an dem kleine Fähren und Fischerboote anlegen …*

... Blick vom selben Ort zur anderen Seite: Der Fritjof-Nansen-Platz, der nach dem Osloer Polarforscher und Friedensnobelpreisträger benannt wurde. Im Hintergrund das gelbe Gebäude der Universität.

RISØR *Segeljachten im Hafen der südnorwegischen Stadt Risør. Alljährlich findet hier Anfang Oktober das traditionelle »Holzbootfestival« statt.*

HOLZHÄUSER *Weiß gestrichene Holzhäuser sind ein typisches Bild in der Altstadt von Stavanger (links); dieselbe Bauweise findet man auch in anderen südnorwegischen Städten, etwa in Sogndalstrand (rechts).*

SOGNEFJELL *Über den Sognefjell (Paßhöhe 1430 Meter) führt eine Fahrstraße, so daß auch im Bergwandern Ungeübte die Gebirgslandschaft Norwegens genießen können.*

Eine raube Landschaft: «An der Mündung der Fjorde in die offene See wimmelt es von felsigen Inseln, öden Eilanden, Landzungen und durch Gletschereis abgeschliffenen Riffen.» Ferdinand Krauß, 1888.

SÜDLICH VON ▷ STAVANGER

Pragmatismus, die Gemütlichkeit, der besondere dänische Humor, aber auch die Empfindlichkeit gegenüber Kritik an den eigenen Schwächen und die Verletzlichkeit der eigenen Integrität.

Die Volkshochschulen sollen größere Bildungsunterschiede zwischen der akademischen Beamtenschaft – den Trägern politischer Herrschaft – und der liberalen Bauernschaft – die neue politische Klasse nach Einführung der freiheitlichen Verfassung 1849 – ausgleichen. Grundtvigs Erkenntnis: Wenn die Bauern politisch aktiv werden und Verantwortung übernehmen sollen, müssen sie sich artikulieren können, müssen sie über ein Mindestmaß an Bildung verfügen. Mit dieser Volkshochschul-Strategie entwickelte sich die dänische *folkelighed* weiter, ja wurde über die Jahrzehnte selbst im Modernisierungsprozeß den Neuerungen angepaßt.

Die Volkshochschulbewegung griff von Dänemark auf die anderen skandinavischen Länder über – und auf die weite Welt. In Deutschland wurde das Konzept jedoch verändert, denn die skandinavische Volkshochschule ist eine auf dem Internatsgedanken beruhende Einrichtung für Erwachsenenbildung, die ihre Schüler für einen kurzen oder längeren Zeitraum versammelt.

Fast nahtlos aus der Volkshochschulbewegung entwickelte sich zum Ende des Jahrhunderts die Genossenschaftsbewegung, ursprünglich eine bäuerliche Einrichtung zur billigeren und schnelleren Herstellung und Verteilung agrarischer Produkte, die dann aber auch auf die Städte übergriff. Heute ist die Genossenschaftsbewegung eines der wichtigsten Wirtschaftsunternehmen in Skandinavien; vor allem Fischerei-, Land- und Forstwirtschaft sind genossenschaftlich organisiert.

Im politischen Leben, vor allem Norwegens und Schwedens, sind die Temperenzler bis heute sehr einflußreich. Von religiösen und sozialpolitischen Motiven getrieben, sind sie verantwortlich für die eigenartige (und manchmal belächelte) Behandlung des Alkoholproblems. Quer durch alle Parteien, alle Schichten und alle Glaubensbekenntnisse sind sie eine sehr starke Interessenorganisation zur Abschaffung (bzw. Einschränkung) des Alkoholkonsums. Über die Alkoholfrage sind sogar Kabinette gestürzt und Parteien gespalten worden, die interfraktionelle Gruppe der Enthaltsamen im schwedischen Reichstag ist größer als die stärkste Fraktion. Bezogen auf die Bevölkerung sind die Temperenzler zwar überrepräsentiert, dennoch ist das Thema Alkohol eines der heißesten Eisen in der norwegischen und schwedischen Politik.

Nicht reden muß man in diesem Zusammenhang darüber, daß die größten Organisationen im öffentlichen Leben der skandinavischen Gesellschaften natürlich zu den Volksbewegungen gerechnet werden: die Sportvereine. Wohl aber muß hervorgehoben werden, daß die Arbeiterbewegung, die sozialdemokratische Partei und die Gewerkschaften ganz selbstverständlich zu den Volksbewegungen gehören. Auch die heutigen Alternativgruppen, die Grünen, die Atomkraftgegner, die Anti-EG-Bewegung oder die Frauenbewegung, werden im öffentlichen Sprachgebrauch, aber auch im offiziellen politischen Umgang als «Volksbewegungen» bezeichnet, und man nimmt sie als politische Kraft im Alltag ernst, sehr ernst; daher rührt ihr Einfluß.

Der Kompromiß als Ziel der Politik

Die Suche nach dem Kompromiß wird von Beobachtern gerne als Charakteristikum skandinavischer Politik bezeichnet. Große politische Auseinandersetzungen sind im allgemeinen die Ausnahme, der Alltag verläuft ruhig und in geordneten Bahnen – bösartige Kritiker sagen der skandinavischen Politik gar Langeweile nach, vor allem die Wahlkämpfe seien, im Vergleich zu anderen europäischen Ländern, meist ausgesprochen fad Als besonderes Beispiel für die Ausrichtung auf Zusammenarbeit und Konsens wird immer wieder Schweden hervorgehoben.

Schon 1902 merkt Hjalmar Branting, der erste Vorsitzende der sozialdemokratischen Partei und spätere Ministerpräsident, leicht mürrisch an, daß das Land «Kompromiß geritten» sei. In den politischen Alltag übertragen heißt das: Es wird nicht gestritten, Konflikte werden nicht ausgetragen, es wird nicht Politik gemacht, sondern es wird verwaltet – hervorragend verwaltet. Beobachtern kamen in den fünfziger Jahren die Funktionen des schwedischen Staates so technisch vor, daß sie Politik als eine Art angewandter Statistik beschrieben. Der Wohlfahrtsstaat im fortgeschrittenen Stadium hat Interessen zu befriedigen, für Ausgleich unter den Gruppen zu sorgen und den Glücksanspruch seiner Bürger im sozialen Transfer zu erfüllen.

Doch nicht nur die Schweden. Auch in Finnland, in Norwegen, in Dänemark ist der politische Kampf nach mitteleuropäischem Zuschnitt selten – man ist versucht, der Politik ein gehöriges Maß an Anstand zuzusprechen, wäre da nicht die Kehrseite der Konsenssuche: das Bemühen, Politik in Kaffeekränzchen und Hinterstuben zu verlegen.

Das skandinavische «Modell» des Wohlfahrtsstaats

Seit Mitte der dreißiger Jahre dieses Jahrhunderts steht die politische und gesellschaftliche Entwicklung insbesondere Schwedens im besonderen öffentlichen Interesse des europäischen und amerikanischen Auslands. Der amerikanische Journalist Marquis Childs war wohl der erste, der kurz vor Ausbruch des Zweiten Weltkriegs mit seinem Bestseller «Sweden – the Middle Way» den Ton angab für die folgenden Generationen. Die britische «Fabian Society» und internationale Forscher folgten ihm auf dem Fuß. Die «Kompromißpolitik» der Schweden wurde in zunehmendem Maß als Wurzel allen politischen und gesellschaftlichen Glücks entdeckt, bzw. später der «Wohlfahrtstotalitarismus» als Vehikel der Fehlentwicklungen.

Was in Schweden – abgeschwächt oder abgewandelt, zumindest verwandt in den übrigen skandinavischen Ländern – in den letzten fünfzig Jahren politisch-gesellschaftlich passiert ist, wurde seither immer wieder versucht, auf einen kennzeichnenden Begriff zu bringen: «Mittelweg zwischen Sozialismus und Kapitalismus», «Kompromißpolitik», «Wohlfahrtskapitalismus», «korporativer Pluralismus» usw. – glücklich ist man aber anschei-

Nordeuropäische Trachten. Links oben: Feiertagstrachten aus Hälsingland, Mittelschweden, Ende des 18. Jahrhunderts. – Links Mitte, von links: Braut, Bauer im Sonntagsstaat und Brautmutter aus Hardanger, Norwegen, eine reiche Bäuerin aus dem schwedischen Skåne. – Links unten: Brautkleider und Festtracht aus Finnland. Mitte unten: Norwegische Bauernstube.

Einsam, rauh und ursprünglich – so wird Nordeuropa in Buchillustrationen und Lithographien aus der Mitte des 19. Jahrhunderts dargestellt: Der Nygaardgletscher im Justedal, Norwegen (Mitte oben); »Die Gefahren des Walfischfangs« (Mitte unten); Landschaft am norwegischen Hardangerfjord (rechts oben); englische Abenteurer auf Bärenjagd (rechts Mitte); ein Rentier (rechts unten).

Links oben: Der Welt größte Insel, Grönland, gehört zu Dänemark, seit 1979 als autonomes Gebiet; hier der Ort Sukkertoppen (Foto von 1926).

Schon Anfang dieses Jahrhunderts zog es Kreuzfahrt-Touristen nach Torshavn, der Hauptstadt der Färöer (links unten) und zum Svartisengletscher auf Spitzbergen (Mitte).

nend nicht geworden mit all diesen Begriffen, und so kann es nicht verwundern, wenn in Ermangelung eines Besseren immer wieder der verkehrteste der verkehrten Termini über Skandinavien hervorgeholt wird – der des «Modells».

Ich weiß nicht, wer verantwortlich ist für die Erhebung Skandinaviens zum modellhaften Beispiel einer gelungenen (oder mißratenen) politischen, gesellschaftlichen und ökonomischen Entwicklung; sicher ist nur, daß sie aus dem Ausland kommt. Nein, Skandinavien ist kein «Modell», kein Vorbild für andere, kann es gar nicht sein; denn die jeweiligen Länder haben ihre eigene Geschichte, haben ihre eigenen politischen, gesellschaftlichen und ökonomischen Erfahrungen. Deshalb muß immer skandinavisch bleiben, was hier erfunden worden ist.

Wenn man über nationale Identität etwas wissen will, dann kommt man um eine begriffliche Festlegung nicht herum. Hilfreich dabei sind Begriffe, die mit Inhalten, mit Leben gefüllt sind,[1] wie der bereits erwähnte der dänischen *folkelighed*: Er nimmt Geschichte auf, ist flexibel und offen gegenüber Veränderungen und wird in der Gesellschaft akzeptiert. Auch zum politischen Selbstverständnis der Schweden gibt es einen solchen, allerdings sehr viel jüngeren Begriff.

Das schwedische «Volksheim»

Ähnlich wie die Grundtvigsche *folkelighed* ist das schwedische «Volksheim» zu einem sinnstiftenden Ordnungsbegriff geworden. Von Per Albin Hansson, dem Begründer des modernen politischen Schweden und «Paterfamilias» der schwedischen Gesellschaft in den Dreißigern, wurde er 1928 erstmals in seiner umfassenden Bedeutung im schwedischen Parlament gebraucht; er lieferte damit eine brauchbare Definition des Wohlfahrtsstaats mit sozialdemokratischen Vorzeichen, doch mit einem weiten

historischen und politisch-sozialen Horizont: «In einem guten Heim sind Gleichheit, Rücksicht, Zusammenarbeit und Hilfsbereitschaft die Hauptregeln. Wenn man dies alles auf das Heim einer Nation und eines Bürgers überträgt, dann bedeutet das das Verschwinden der sozialen Barrieren, die heute die Bürger trennt.» Mit dem «Volksheim» war nicht nur propagandistisch eine ausbeutbare Vokabel gefunden, sondern ein integrativer Begriff, der dem Gemeinschaftsgefühl der Bürger entgegenkam und den Wunschtraum von einer glücklicheren Gesellschaft umschrieb. Er wurde als treffender Begriff für das typisch Schwedische angenommen.

Man muß sich in dem Zusammenhang vor Augen halten, daß Schweden noch bis weit über den Ersten Weltkrieg hinaus zu den Armenhäusern Europas gerechnet wurde, Hungerrevolten erschütterten das Land. Was heute in Osteuropa an sozialem Elend und materieller Not sichtbar wird, das war vor wenigen Jahrzehnten noch charakteristisch für den Norden des europäischen Kontinents. Auf Fotos der dreißiger Jahre wird das Elend sichtbar, und in der schönen Literatur wird davon berichtet, daß im Winter nur eines der zumeist vielen jungen Familienmitglieder ins Freie konnte – weil man nur *ein* Paar Holzschuhe für diese besaß. Wohlstand und Wohlfahrt sind das Ergebnis einer ganz bewußten, sozial verankerten Wirtschaftspolitik und keineswegs selbstverständlich in der Geschichte des Landes.

Das «Gesetz von Jante»

In kaum einer anderen Nation wie der dänischen wird in Literatur, Philosophie und Politik soviel darüber nachgedacht, was denn nun das Besondere und Eigene ist. Die nationale Nabelschau wird kaum anderswo so intensiv betrieben, andererseits wird auch kaum sonstwo so selbstquälerisch und kritisch mit den eige-

Rechts oben: Rast auf dem Paß oberhalb von Meråker, Norwegen. Damals fuhr man noch mit dem Einspänner ins Gebirge (Foto um 1920).

Rechts unten: Für Ausflüge der anlandenden Kreuzfahrt-Teilnehmer stehen am Nærøfjord in Norwegen Kutschen bereit (Foto um 1900).

Links oben: Ein finnischer Junge bläst ein Horn aus Birkenrinde, das dem Zusammenrufen des Viehs dient (Foto von 1939). – Links unten: Nachbildung einer alten Bauernstube in der Frederiksberg-Allee in Kopenhagen (Foto von 1912). – Mitte oben: Lachsfischer bei Simo im südlichen Lappland (historisches Foto). Auch heute noch kann man in Finnland hervorragend angeln und fischen. Der lappländische Fluß Teno gilt als der lachsreichste Fluß Europas. – Mitte unten: Eine »Sæter« auf der norwegischen Hochebene Hardangervidda. Sie dient den Bäuerinnen, die das Vieh auf die Bergweide getrieben haben, als Unterkunft (Foto von 1892).

Rechts oben: Der Skisport wurde in Norwegen »entdeckt«. Erste Darstellungen von Skiläufern finden sich bereits auf viertausend Jahre alten Felszeichnungen. Die Geschichte des modernen Wintersports begann Mitte des 19. Jahrhunderts mit der Erfindung der Fersenbindung. Die Kleidung jedoch trug um die Jahrhundertwende, als dieses Foto entstand, den sportlichen Bedürfnissen noch kaum Rechnung. – Mitte unten: Ursprünglich hatte die Sauna keinen Ofen. Ein offenes Feuer sorgte für die Hitze, allerdings auch für viel Rauch, wie diese Aufnahme von 1941 zeigt. – Rechts unten: Das Peitschen mit Birkenreisern verstärkt die Wirkungen eines Saunaganges (Foto von 1937).

nen Fehlern und Schwächen abgerechnet wie in Dänemark. Mir sind noch keine Mitglieder anderer Nationalitäten begegnet, die so nachhaltig gegenüber Ausländern das Unterlegene, die Merkwürdigkeit der eigenen Sprache hervorgehoben haben wie die Dänen – «wir sind ein kleines Land», hört man immer wieder, fast als Selbstvorwurf. Daß dies etwas mit der eigenen Identifikation als Nation zu tun hat, mit nationaler Identität, wird mit einem gewissen Augenzwinkern seit einigen Jahrzehnten akzeptiert und hat zu tun mit einer literarisch hübsch verpackten Geschichte.

Der dänisch-norwegische Dichter Aksel Sandemose stellte Mitte der dreißiger Jahre dieses Jahrhunderts in einem Roman das hochinteressante «Jante-Gesetz» auf: Der Codex, bestehend aus zehn Untersätzen, wurde in Skandinavien allgemein akzeptiert, verlor also seine dänisch-norwegische Eigentümlichkeit und wird seitdem immer dann bemüht, wenn man die großen und kleinen Schwächen, die als nationale Eigenheiten gesehen werden, erläutern soll: «Glaube ja nicht, daß du etwas Besonderes bist!» Das Jante-Gesetz wurde zu so etwas wie einem gemein-nordischen Gesetz von Murphy. Sandemose wollte damit die Spießer und Kleinbürger angreifen, und dies gelang ihm auch; die Stadt Jante, als seine Geburtsstadt Nykøbing in Jütland identifizierbar, hat ihm die Attacke nie verziehen.

Das Gesetz von Jante beschreibt den Kleinmut, das Minderwertigkeitsgefühl, das einem in provinziellem Milieu anerzogen wird, die Vorherrschaft des Spießers, der alles niedermacht, was über sein Mittelmaß hinauskommen will. Das Gesetz beschreibt den ewigen und hoffnungslosen Kampf gegen das Mittelmaß, es beschreibt die Verzweiflung des ewig Gedeckelten. Will man der nordischen Identität auf die Spur kommen, so ist das Gesetz von Jante deswegen so bedeutsam, weil es als Spiegelbild gesehen werden kann und gesehen wird für die Situation Skandinaviens in der Welt: Geographisch liegt man am äußersten Rand, geprügelt wurde und wird man von den anderen, geistig-kulturell kommt man gegen sie mangels Masse sowieso nicht an, politisch und ökonomisch hat man schon gleich gar nichts zu bieten. Wenn – so die Jante-Philosophie –, wir in die Europäische Gemeinschaft, in die NATO oder welch andere internationalen Organisationen auch immer eintreten, dann werden wir dort nichts zu melden haben, die anderen sind sowieso stärker. Also gehen wir lieber nicht rein, setzen wir uns lieber nicht dem Konkurrenzdruck aus, bleiben wir lieber in unserer Provinz am Rande.

Die Stimmung gegen die Europäische Gemeinschaft, gegen Europa (mit unterschiedlicher Intensität) ist Merkmal eines spezifisch skandinavischen Identitätsproblems. Sie mag mit der von vielen – im Sinne von Sandemose – herbeizitierten «Mittelmäßigkeit» zusammenhängen oder mit dem Rückzug auf eine «nationale Innerlichkeit» gekoppelt sein; oder sie liegt ganz einfach an der Angst, sich der Konkurrenz auszusetzen.

Diese Karikatur des nationalen Selbstverständnisses in Skandinavien – in der Tat gerne bemüht von den Karikaturisten – ist zugleich auch Ausdruck jener besonderen humoristischen Begabung; sie vermittelt jenes umfassende Gefühl, das zu Anfang des Jahrhunderts, wie erwähnt, als skandinavische Lebensgrundlage und Weltverständnis beschrieben wurde. In ihm kommt das Leiden an der großen Welt, aber auch das Leiden an sich selbst zum Ausdruck. Das Jante-Gesetz, um dies aber auch positiv zu wenden, drückt die besonders sympathische Fähigkeit zur Selbstkritik aus, auf die man immer wieder in Nordeuropa stößt – wenn man den richtigen Ton trifft.

Finnland im Schatten der Politik

Spätestens seit dem Beginn des Zweiten Weltkriegs steht Finnland mehr oder weniger im Schatten der Politik, ohne daß im Norden je vergessen worden ist, auf Finnland Rücksicht zu nehmen. Im Grund beruhte das Gleichgewicht der Kräfte im Norden nach dem Krieg auf der besonderen Lage Finnlands. Dies hat für die finnische Position in Skandinavien, aber – verständlicherweise – auch für die eigene Identität nicht unerhebliche Folgen.

Ein Geflecht von historischen und politischen Elementen bestimmt Finnlands politische und soziale Identität. Greifen wir auf die grundsätzlichen zurück, so muß die späte Unabhängigkeit des Landes erwähnt werden, die sich erst als Folge der russischen Oktoberrevolution 1917 einstellte; es muß auf den Bürgerkrieg verwiesen werden, der die wohl erbittertsten Kämpfe zwischen «Rot» und «Weiß» brachte, die Europa in der neueren Zeit erlebt hat. Zudem spielen die Erfahrungen des «Winterkriegs» 1939/40, des «Nachfolgekriegs» 1941 bis 1944 (der in Finnland «Rückgewinnungskrieg» heißt) sowie das Bündnis mit Nazi-Deutschland eine erhebliche Rolle. Nicht zu vergessen sind auch die durch den Hitler-Stalin-Pakt und die Friedensschlüsse erzwungene Abtretung großer Landesteile sowie erhebliche Reparationszahlungen an die Sowjetunion.

Alle diese politischen und historischen Begebenheiten beeinflußten Finnlands Handlungsspielraum als Grenznachbar der Sowjetunion unter den Bedingungen des Ost-West-Konflikts. Dabei ist es in diesem Zusammenhang mehr oder weniger unerheblich, ob das Land die Möglichkeit innerhalb dieses Rahmens freiwillig oder erzwungenermaßen ergriffen hat; in jedem Fall fand innerhalb des genannten Spielraums jener Vorgang statt, der mit dem Begriff «Finnlandisierung» umschrieben worden ist: der Versuch, bei wirtschaftlicher und politischer Abhängigkeit von der Sowjetunion gleichzeitig relativ unabhängig zu bleiben.

Nationale Vorlieben und Animositäten

Eine jede Nation gewinnt ihr Selbstverständnis ganz offensichtlich aus dem Vergleich mit einem geliebten oder ungeliebten Nachbarn – in der Regel mit einem ungeliebten. Im dänischen Fall mit den Deutschen. Der Erbfeind wohnt im Süden, er war in der Vergangenheit böse und ist auch bis zum heutigen Tag politisch nicht zuverlässig; seine politische Kultur ist nach skandinavischem Verständnis nicht sonderlich demokratisch. Dafür ist er aber ökonomisch präpotent und tut allerhand – und das ist seine

Fortsetzung Seite 105

«DIE SIEBEN BRÜDER»: EIN FINNISCHES EPOS

Aleksis Kivi (1835–1872), unter anderem von Shakespeare, Cervantes und der Kalevala beeinflußt, war der erste originär finnische Autor. Seinen Platz in der nationalen Literaturgeschichte hat er darüber hinaus wegen seiner meisterhaften Menschenschilderungen, seines volkstümlichen Humors und seines Realismus. In «Die sieben Brüder» (1870) schildert er in epischer Breite den Kampf zwischen Wildnis und Gesellschaft.

Im Süden der Landschaft Häme, unweit des Dorfes Toukola, liegt auf dem Nordhang eines Hügels der Jukola-Hof. In seinem nächsten Umkreis ist die Gemarkung steinig; aber weiter unterhalb beginnen die Felder, auf denen vor dem Verfall des Hofes stahlharte Ähren wogten. Hinter den Feldern beginnt Wiesenland, von Klee gesäumt und einem sich in vielen Windungen dahinschlängelnden Bach durchzogen, und reich war dessen Ertrag an saftigem Heu, bevor es später zur Dorfweide wurde. Auch große Wälder, Moor und Ödemark gehörten zum Hofe, zum Teil schon seit den Tagen der großen Flurbereinigung in alten Zeiten; denn der Jukola-Bauer von damals, mehr um das Wohl der ihm folgenden Geschlechter als um sein eigenes besorgt, hatte Land genommen, das von einem Waldbrand verheert worden war, und deshalb ein siebenmal größeres Gebiet als andere bekommen. Die Spuren des Feuers waren schon lange verschwunden, statt dessen wuchs hier jetzt ein prächtiger Wald heran. – Und hier war das Zuhaus der sieben Brüder, von deren Lebensschicksalen ich erzählen will.

Die Namen der Brüder, vom Ältesten bis zum Jüngsten sind: Juhani, Tuomas, Aapo, Simeoni, Timo, Lauri und Eero. Von ihnen sind Tuomas und Aapo ein Zwillingspaar und ebenso Timo und Lauri. Juhani, der älteste der Brüder, zählt fünfundzwanzig Jahre, während Eero, der jüngste, kaum achtzehn Sonnenkreise erlebt hat. Ihrem Wuchs nach sind sie stämmig und breitschulterig, von mittlerer Größe, bis auf Eero, der noch recht klein ist. Der größte von allen ist Aapo, doch freilich längst nicht der breitschulterigste. Dieser Vorzug und diese Ehre fallen Tuomas zu, der ob seiner Breitschulterigkeit weithin bekannt ist. Eine Eigentümlichkeit, die ihnen allen gemeinsam ist, ist ihre gebräunte Haut und ihr strähniges, flachsblondes Haar, dessen Widerspenstigkeit besonders bei Juhani auffällt.

Ihren Vater, der ein eifriger Jäger war, ereilte der Tod in seinem besten Alter ganz unvermutet, als er mit einem grimmwütigen Bären kämpfte. Man fand damals beide, den König der Wälder wie den Mann, Seite an Seite tot auf der blutigen Walstatt. Schlimm war der Mann zugerichtet, doch auch dem Untier waren Hals und Flanke von seinem Messer aufgeschlitzt und die Brust von einer heißen Kugel durchbohrt. So endete der Mann seine Tage, der in seinem Leben mehr als fünfzig Bären zur Strecke gebracht hatte.

NORDNORWEGEN

Mit betörender Eindeutigkeit stieg das Licht in den Raum und ließ die Erde ohne Gewicht zurück. Es setzte den Himmel frei und hielt ihn in Schwebe, leeres Blau ohne Grenze und Eigenschaft ... Zum Horizont gestaffelte Wälder des Tieflands. Augenzwitscherndes Wasser, durch Herbstlaub funkelnd, Serie von Spiegelflächen für Schatten und Licht. Die Freude, das Licht zu sehn und in ihm zu atmen, war stärker als der Versuch, es in Worte zu fassen.

Christoph Meckel, 1981

PARKEN HOTEL

◁ ÅLESUND *Nach einem Brand im Jahr 1904 wurde Ålesund, das »Venedig Norwegens«, mit Unterstützung des deutschen Kaisers Wilhelm II. wiederaufgebaut. Damals entstanden die vielen Jugendstilhäuser der Stadt.*

DOVREFJELL *Die als Nationalpark ausgewiesene Gebirgskette Dovrefjell trennt das schmale Nordnorwegen vom breiten südlichen Teil des Landes. Während das Gebirge im Westen steinig und karg ist, findet man im Osten eine reiche Pflanzenwelt.*

TROLLSTIG *Wer den Trollstig bei Andalsnes bewältigen will, braucht ausreichend PS, denn in elf großen Serpentinen mit einer Steigung von zwölf Prozent überwindet die Paßstraße nach Norddal den Fjell.*

FJORDE *Eintauchen in die Einsamkeit: Mit einem Sportflugzeug über den Fjord von Veitastrondvatnet unterhalb des Gletschergebirges Jostedalsbreen fliegen und die grandiose Natur Norwegens erleben.*

STJERNTIND

LOFOTEN *Einer der vielbesuchten Hafenorte der Lofoten: Henningsvær, südlich der Insel Austvågøy auf mehreren kleinen Inseln gelegen, seit 1983 über zwei Brücken zu erreichen. Im Hintergrund Austvågøy.*

FISCHFANG *Im Hafen von Ramberg: Fischfang ist seit alters her eine wichtige Einnahmequelle der Bewohner der Lofoten. Hauptsaison ist nicht im Sommer, sondern im Winter, wenn riesige Fischschwärme zu ihren Laichplätzen in die engen Fjordarme Norwegens ziehen.*

LOFOTEN *Im Frühjahr, wenn die Fangsaison zu Ende geht, wird ein Teil der Fischer zu Bauern, bestellt das Land und betreibt Schaf- und Ziegenzucht. Das milde Klima des Golfstroms und der Schutz der Berge gewährleisten satte Weiden.*

FJORDE *Die Fjorde Norwegens entstanden nach der letzten Eiszeit. Bis zu hundertsiebzig Kilometer erstrecken sie sich ins Land, mancherorts sind sie über eintausend Meter tief.*

Reine auf der Insel Moskensøy ist seit 1743 Handelsplatz. Von hier aus sind es noch wenige Kilometer bis zur Westspitze der Lofoten, um die der Moskenstraumen, der berüchtigte Mahlstrom, fließt.

LOFOTEN ▷

schlimmste Sünde im europäischen Verbund – für das wirtschaftliche Überleben Dänemarks.

Will man die nationalen Vorlieben und Animositäten gegenüber *einem* Nachbarn verstehen, so muß man auch das Verhältnis zu den *anderen* Nachbarn mit ins Kalkül ziehen: Die dänische Empfindlichkeit gegenüber deutschen Eigenschaften hat nämlich ihre Entsprechung in einer unterschwelligen bis offenen Antipathie in bezug auf Schweden. Auch hier gilt der große Nachbar (etwa 50 Prozent mehr Einwohner und ein Vielfaches an territorialer Größe) als Ausbund von lauter Überheblichkeit, imperialem Alltagsgehabe, unglaublicher Tüchtigkeit und Effektivität. Die nationalen Witzkulturen, die Reaktionen der jeweiligen Bevölkerungen in den Fährhäfen anläßlich der an jedem Wochenende stattfindenden Massenbesuche mit ihren Müll- und Alkoholproblemen, die publizistischen Kampagnen, die sich an für nationale Alleingänge gehaltenen Entscheidungen entzünden – sie alle spiegeln auch die Vorlieben und Animositäten der Nachbarn untereinander wider. Politische Streitpunkte werden in der öffentlichen Auseinandersetzung sehr schnell auf die Ebene nationaler Stereotypen gehoben, sie sprechen Bände über das propagierte geschwisterliche Verhältnis im Norden – und relativieren das Problem mit den Deutschen in positiver wie negativer Hinsicht: 134 Jahre lagen die Dänen mit den Schweden im Krieg, 59 Jahre mit den Engländern, 56 Jahre mit den Norwegern und 55 Jahre mit den Deutschen.

Die Zukunft Skandinaviens in Europa

Die Frage nach der skandinavischen Identität in Europa ist und bleibt zentral in den öffentlichen Debatten. Hat das «Skandinavische» in der Europäischen Gemeinschaft noch eine Zukunft? Viele beantworten diese Frage mit einem klaren «Nein».

1972 stimmten bei einer Volksbefragung 63,5 Prozent der Dänen für den Beitritt des Landes zur Europäischen Gemeinschaft; in Norwegen wurde im selben Jahr der Beitritt knapp abgelehnt. In den Monaten vor der Abstimmung wurden die schwersten politischen Schlachten der neueren Geschichte Dänemarks und Norwegens geschlagen, Freundschaften gingen auseinander, Familienfehden wurden ausgetragen, alte politische Strukturen lösten sich auf, eine «Volksbewegung gegen die EG» entstand in beiden Ländern über alle Parteigrenzen hinweg. Die den Gegnern politisch als unzuverlässig geltende Bundesrepublik war und ist eines der stärksten Argumente in der Auseinandersetzung; mit England wollte man gerne in die Gemeinschaft, wenn es da nicht schon die Deutschen gegeben hätte ...

Im Straßburger Europaparlament leistet sich Dänemark schließlich den Luxus von Abgeordneten, die als erklärte Gegner der Europäischen Gemeinschaft gewählt wurden – allerdings wird auch nur in Dänemark EG-Politik parlamentarischer Kontrolle unterzogen. Das Land hat sich nie besonders engagiert in Gemeinschaftsdingen gezeigt; die Pflichten wurden zwar erfüllt, doch darüber hinaus verhielt man sich passiv. Jede Initiative in Richtung einer politischen Union hat in der dänischen Politik und Gesellschaft große Auseinandersetzungen ausgelöst – der Austritt aus der Gemeinschaft war immer ein Thema.

Als Ende der sechziger Jahre die Erweiterung der Europäischen Gemeinschaft bevorstand, da machten sich liberale und sozialdemokratische Kreise in Europa Hoffnung auf die Stärkung des humanen, gemeinschaftlichen Elements in der europäischen Politik, vor allem durch Dänemark und Norwegen. Diese Hoffnung wurde durch Desinteresse und «Anti-Politik» im Norden bitter enttäuscht. Die Europamüdigkeit, ja -feindschaft vieler Skandinavier überrascht gerade vor dem Hintergrund einer nach Europa offenen Geschichte. Der dänische Fall ist hier bezeichnend.

Dänemark ist einmal eine europäische Großmacht gewesen, und das Bewußtsein, zu Europa zu gehören, war selbstverständlich. Die Abkehr begann damit, daß Dänemark sich auf die Seite des verlierenden Napoleon stellte. Erst nahmen 1801 und 1807 die Engländer die Flotte weg und bombardierten die Hauptstadt; dann wurde die politische Fehlentscheidung, sich mit Napoleon zu verbünden, durch den Verlust Norwegens 1814 geahndet.

Dänemark blieb aber europäisch, ja wurde ein geistiges Zentrum in Europa: Bereits im 19. Jahrhundert wurde es Zufluchtsort für politisch Verfolgte und Exilierte. Die dänischen Literaten repräsentierten einen offenen europäischen Geist im kleinen Kopenhagen; man wetteiferte mit Goethe, dichtete – gar nicht schlecht – auch deutsch; Grundtvigs Denken ist durch die englischen Erfahrungen und die deutsche Romantik erst dänisch geworden; Kierkegaard flüchtete zu Schelling nach Berlin und kam dankbar und klüger geworden über den deutschen Idealismus zurück; Hans Christian Andersen, der Hypochonder und Heimwehkranke, nahm ganz Europa buchstäblich in Besitz und eroberte sich sein ausländisches Publikum – dänische Tugenden (und Untugenden) gingen durch seine Märchen ins europäische Geistes- und Kulturgut ein; noch Georg Brandes, der skandinavische Kulturpapst, floh vor dänischem Antisemitismus und borniertem Bürgertum nach Berlin, seine Korrespondenz mit den europäischen Geistesgrößen der Zeit weisen ihn als großen Internationalisten Europas aus.

Diese europäische Vergangenheit hat Dänemark heute weit hinter sich gelassen. Die dänische Gesellschaft verhält sich ablehnend bis gleichgültig gegenüber Europa; viele der dänischen Intellektuellen sind zu europäischen Kleingeistern geworden, die ihre Zukunftsvision aus einer nie vorhanden gewesenen nordischen Vergangenheit ableiten.

Auf der anderen Seite – und das macht die Stimmung gegen Europa so verständlich – muß man die «europäischen» Politiker mit der Lupe suchen, die die Bedenken der kleinen Staaten zur Kenntnis und ernst nehmen. Wenn ein Kleiner Probleme zu erkennen glaubt, dann wird in Europa die Parole ausgegeben: «The show must go on!» Als wenn es gegen die Gemeinschaft nicht berechtigte Einwände gäbe. Europäische Politik ist eben immer noch nicht «europäische» Politik, sondern jeweils nationale Innenpolitik, und das merken die Kleinen am ehesten.

Nordeuropäische Künstler. Links oben: «Sommerfrische», Aquarell des Schweden Anders Zorn (1860–1920) von 1886, 76 x 54 cm. – Links unten: «Vier Mädchen auf der Brücke», Gemälde des Norwegers Edvard Munch (1863–1944) von 1905, 126 x 126 cm. – Mitte oben: «Sommerabend am Strand von Skagen», Gemälde des Dänen Peter Severin Krøyer (1851–1909) von 1893, 100 x 150 cm. – Mitte unten links: «Leichenfahrt eines Kindes», Gemälde des Finnen Albert Edelfelt (1854–1905) von 1879, 120 x 305 cm. – Mitte unten rechts: «Flechtendes Mädchen», aquarellierte Zeichnung des Schweden Carl Larsson (1853–1919), 31x40 cm. – Rechts oben: «Straße in Skagen-Østerby», Gemälde der Dänin Anna Ancher (1859–1935) um 1920, 30x40 cm. – Rechts unten: «Hjelle in Valdres», Gemälde des Norwegers Johan Christian Dahl (1788–1857) von 1851.

Der norwegische Komponist Edvard Grieg (oben links, Foto um 1900); der finnische Komponist Jan Sibelius (oben Mitte, Foto um 1936); »Das Schweigen« (1963), Film des Schweden Ingmar Bergman (unten links); die Schwedin Greta Garbo in der Rolle der Königin Kristina im gleichnamigen Spielfilm von 1933 (rechts).

Wer ein wenig von nordischer Geschichte versteht, der muß sich immer wieder wundern, welche Anziehungskraft der nordische Gedanke als Gegengewicht zur Europäischen Union hat.

Der Nordische Rat, die nordische Zusammenarbeit ist ein bewunderswertes Ergebnis harter politischer Auseinandersetzung; hier könnten Integrationsforscher und EG-Politiker einiges über Kooperation lernen – über Zusammenarbeit fast ohne Integration und Institutionen. Aber was, wenn es ernst wurde: Wo blieb dann die nordische Zusammenarbeit? Wie war es denn 1801, 1807, 1814? Wo blieb die zugesagte Hilfe 1864? Warum schloß Dänemark als einziges nordisches Land mit Hitler-Deutschland 1939 einen Nichtangriffspakt ab, als ob das Land je die Absicht gehabt hätte, das Deutsche Reich anzugreifen!? Was wurde aus den Verhandlungen über eine Nordische Verteidigungsunion 1948/49? Auch die elfjährigen Bemühungen um eine nordische Freihandelszone scheiterten 1958. Und schließlich gingen die dänischen Anstrengungen um eine nordische Wirtschaftsunion (NORDEK) 1971 unter. Allen bewundernswerten Errungenschaften der nordischen Kooperation stehen ganz handfeste Fehlschläge gegenüber. Daraus sollte man eigentlich den Schluß ziehen, daß die nordische Zusammenarbeit eine praktische politische Arbeitsgrundlage für den Alltag darstellt, für politische Visionen aber nicht mehr taugt – jedenfalls keinen Beweis erbracht hat, daß diese Visionen in der Realität umgesetzt werden konnten.

Auch Schwedens Wunsch, der Europäischen Gemeinschaft beizutreten, hat einige interessante Hintergründe. Zunächst einmal markiert der Wunsch einen bemerkenswerten Wandel der Politik.

Konnte man bis zu den siebziger und frühen achtziger Jahren wohl davon ausgehen, daß aufgrund des Modernisierungsprozesses Europa und der Westen sich »Schwedisieren« würden, so läßt sich heute feststellen, daß genau das Gegenteil richtig ist: Schweden ist dabei, sich zu europäisieren.

Waren die Gründe für Norwegen, Schweden und Finnland, der EG nicht beizutreten, in der Vergangenheit zum einen bestimmt gewesen durch ihren neutralen Status, zum anderen aber, mindestens im norwegischen Falle, durch eine Reihe von Ressentiments, Vorurteilen und auch schlichtweg Ängsten, so trug der ökonomische und politische Sog des Konzepts eines europäischen Binnenmarkts dazu bei, den Beitritt zur EG zu beantragen.

Wer das politische und das öffentliche Leben in Schweden heute beobachtet, der wird interessante Veränderungen in bezug auf Europa feststellen können: Findet in Schweden ein Ausverkauf statt oder werden Sonderkonditionen angeboten, so firmieren diese unter der Bezeichnung «Europa-Preise», die schwedische Gastronomie offeriert «Europa-Menüs», um zu demonstrieren, daß bei einer schwedischen EG-Mitgliedschaft mit niedrigeren Restaurant- und Lebensmittelpreisen zu rechnen ist, weil außerhalb Schwedens die Steuern und Belastungen niedriger seien. Die Reise- und Fährgesellschaften haben ebenfalls eine neue Sprachregelung gefunden: Man reist nicht mehr nach Deutschland oder in den Süden, sondern zum Kontinent, so als befände sich Schweden, ähnlich wie Großbritannien, in Insellage.

Es ist anzunehmen, daß der politische Druck, die wirtschaftliche Not und die Furcht vor dem großen Deutschland, die den Norden näher an Europa herangeführt haben, letztlich zu einer politischen, gesellschaftlichen, ökonomischen und kulturellen Homogenisierung des Nordens führen werden – mit allen Vor- und Nachteilen. Wenn sich der Norden auf den Weg nach Europa macht, dann wird sich das nordische Gewicht in der Gemeinschaft und in Europa insgesamt verstärken. So gesehen kann der Norden mit seinen speziellen Erfahrungen zu einem sich vereinigenden Europa einiges beitragen: Staatliche Wohlfahrtspolitik, sozialer Ausgleich, das vorrangige Ziel von Vollbeschäftigung, ein liberales Demokratiemodell, eine auf Ausgleich und Konsens hin

Der norwegische Polarforscher Roald Amundsen im Jahr 1928 (links); der dänische Physiker Niels Bohr (oben Mitte, Foto um 1928); der schwedische Naturforscher Carl von Linné (1707–1778; oben rechts); der norwegische Polarforscher Fridtjof Nansen (unten rechts, Foto von 1930).

Oben links: Der norwegische Dramatiker Henrik Ibsen (Foto um 1900).

Oben Mitte: Der schwedische Dramatiker August Strindberg (1849–1912).

Unten links: Die schwedische Kinderbuchautorin Astrid Lindgren (geboren 1907).

Rechts: Der dänische Dichter Hans Christian Andersen (1805–1875).

orientierte politische Kultur, ein hervorragendes, sich gegenwärtig regenerierendes Bildungssystem, eine vorbildliche Politik der Geschlechtergleichheit, eine fortschrittliche Umweltschutzpolitik – dies alles sind Elemente, die der Norden *gemeinsam* in die europäische Politik einbringen kann.

Die politischen Veränderungen in Ost- und Ostmitteleuropa bedeuten aber für den Norden auch eine Neuorientierung, eine Neuformulierung ihrer politischen Ziele. Konnte man bislang davon ausgehen, daß es eine einigermaßen abgestimmte Politik der nordischen Staaten im Hinblick auf ihre politischen und wirtschaftlichen Interessen gab, so ist dies seit 1989 nicht mehr der Fall. Dies läßt sich auch an der regionalen Distanz erläutern: Welche Interessen kann Island haben an dem Engagement Schwedens (oder Finnlands) im Baltikum und in der Ostsee (selbst wenn die Isländer die ersten waren, die die baltischen Staaten 1989 anerkannten)? Die ostnordischen Länder werden ihr Augenmerk auf Ostmitteleuropa und auf Deutschland bzw. Brüssel lenken, ja lenken müssen. Eine Entfremdung zwischen den ost- und den westnordischen Staaten (zu letzteren gehört auch Norwegen) kann man bereits jetzt schon an eifersüchtigen politischen und diplomatischen Äußerungen feststellen. Wenn es denn soweit kommen sollte, daß der Ostseeraum zur wirtschaftlichen Zukunftsregion des nördlichen Europas werden wird (wofür einiges spricht), dann liegen die westnordischen Staaten an der Peripherie. Das Ende der Welt, das vor 1989 jenseits der Ostsee lag, wird nach Nordwesten verschoben. Die Geschlossenheit des Nordens ist heute noch mehr in Zweifel zu ziehen als das schon zu früheren Zeiten der Fall war. Politisch, wirtschaftlich, gesellschaftlich und kulturell war der Norden nur homogen, wenn man die Unterschiede zugleich mitgedacht hat. Der mitteleuropäische Mythos vom «Norden» sollte deshalb heute mehr denn je in Frage gestellt werden.

Links unten: Am Ullsfjord mit Blick auf die Lyngenalpen, norwegische Provinz Troms.

Rechts: Auf dem Altafjell in der Finnmark, Norwegens nördlichster Provinz.

KNUT HAMSUN: DER «SEGEN DER ERDE»

Knut Hamsun (1859–1952) erhielt 1920 den Literaturnobelpreis für seinen Roman «Segen der Erde» von 1917. Schon die ersten Passagen vom Leben des norwegischen Bauern Isak vermitteln etwas von der Faszination, die von der Sprache dieses Dichters ausging, aber auch von seiner Zivilisationskritik und dem Lob des einfachen (bäuerlichen) Lebens.

Der lange, lange Pfad über das Moor in den Wald hinein – wer hat ihn ausgetreten? Der Mann, der Mensch, der erste, der hier war. Für ihn war noch kein Pfad vorhanden. Später folgte dann das eine oder andere Tier der schwachen Spur über Sümpfe und Moore und machte sie deutlicher, und wieder später schnupperte allmählich der oder jener Lappe den Pfad auf und benützte ihn, wenn er von Berg zu Berg wanderte, um nach seinen Rentieren zu sehen. So entstand der Weg durch die weite Allmende, die niemand gehörte, durch das herrenlose Land.

Der Mann kommt in nördlicher Richtung gegangen. Er trägt einen Sack, den Sack, der Mundvorrat und einiges Handwerkszeug enthält. Der Mann ist stark und derb, er hat einen rostigen Bart und kleine Narben im Gesicht und an den Händen – diese Wundenzeichen, hat er sie sich bei der Arbeit oder im Kampf geholt? Er kommt vielleicht aus dem Gefängnis und will sich verbergen, vielleicht ist er ein Philosoph und sucht Frieden, jedenfalls aber kommt er dahergewandert, ein Mensch mitten in dieser ungeheuren Einsamkeit. Er geht und geht, still ist es ringsum, kein Vogel, kein Tier ist zu hören, bisweilen redet er ein paar Worte mit sich selbst. Ach ja, Herrgott im Himmel! sagt er. Wenn er auf seiner Wanderung an Moore und wirtliche Stellen oder offene freie Plätze im Walde kommt, legt er seinen Sack ab, geht umher und untersucht die Bodenverhältnisse; nach einer Weile kehrt er zurück, nimmt seinen Sack wieder auf den Rücken und wandert weiter. Dies währt den ganzen Tag, er sieht an der Sonne, welche Zeit es ist, es wird Nacht, und er wirft sich ins Heidekraut und schläft auf seinem Arm.

Nach einigen Stunden geht er wieder weiter. Ach ja, Herrgott im Himmel! geht wieder geradeaus nach Norden, sieht an der Sonne die Tageszeit, hält Mittagsrast mit einem Stück Hartbrot und Ziegenkäse, trinkt Wasser aus einem Bach dazu und setzt seinen Weg fort. Auch diesen ganzen Tag wandert er ununterbrochen weiter, denn er muß sehr viele wirtliche Plätze im Wald untersuchen. Was sucht er? Land, Erde? Er ist vielleicht ein Auswanderer aus den Dörfern, denn er schaut sich scharf und spähend um; manchmal ersteigt er auch einen Hügel und späht von da umher. Jetzt ist die Sonne wieder am Untergehen.

Er befindet sich jetzt auf der Westseite eines langgestreckten Tales mit gemischtem Wald, hier ist auch Laubwald, und Weideflächen mischen sich darein, stundenlang geht es so fort; es dämmert, aber der Mann hört das leise Rauschen eines Flusses, und dieses leichte Rauschen ist wie etwas Lebendiges und muntert ihn auf. Als er die Höhe erreicht, sieht er das Tal im Halbdunkel vor sich liegen und weit draußen nach Süden den Himmel darüber. Nun legt er sich schlafen.

DER HOHE NORDEN

Lappland gibt alles und erwartet nichts dafür zurück. Die Lappen sind mit dem zufrieden, was die Natur ihnen schenkt. Nach und nach fällt einem der Mantel der Zivilisation von den Schultern, verflüchtigen sich die Konventionen, die man mitbrachte, und man steht einer anderen Zivilisation gegenüber, die so alt zu sein scheint wie die Welt. Man stößt ... auf ein uraltes Volk, das nicht gealtert ist und in seinen Augen den Blick aus der Kindheit der Welt hat.

Robert Crottet, dt. 1955

◁ KULTUR DER SAMEN *Eine Samin bietet an einem Verkaufsstand bei Alta, Norwegen, Rentierfelle an. Rentierzucht ist heute nicht mehr Lebensgrundlage der Samen; auch sie wirtschaften nach den Prinzipien der modernen Dienstleistungsgesellschaft.*

LYNGENFJORD *Blick von Ost nach West über den Lyngenfjord in Nordnorwegen: Bis zu 1600 Meter hohe Berge erheben sich im Hintergrund.*

FINNMARK *Herbst im einsamen Norden Norwegens. Hier leben die Samen. Die meisten sind heute seßhaft und verdienen ihren Lebensunterhalt mit Fischfang, Ackerbau und Handel.*

BEI KARASJOK *Vor allem Nadelhölzer, aber auch schnellwachsende Laubbäume wie Eberesche, Birke und Espe säumen im hohen Norden Norwegisch-Lapplands die Flußläufe. Hier der Borsejokka nördlich von Karasjok.*

PORSANGERFJORD *Der viertgrößte Fjord Norwegens verdankt seinen Namen der Pflanze Pors, einer arktischen Variante des wilden Rosmarins, die hier wächst. Weitaus spektakulärer als das bescheidene Pflänzchen gebärden sich allerdings die Felsformationen am Trollholmsund ...*

... genannt die «Sieben Trolle». Der Sage nach sind sie von der aufgehenden Sonne überrascht und versteinert worden. Jetzt müssen sie «die Schatztruhe» – einen rechteckigen Stein –, in der angeblich ihr Gold liegt, bewachen.

KULTUR DER SAMEN *Auf der Insel Magerøya in Nordnorwegen: Je weiter man in Lappland nach Norden kommt, desto mehr ersetzen leuchtende Farben und auffällige Gestaltung die filigrane Ornamentik der Trachten.*

NORDLICHT *Das Nordlicht kann man vor allem im Winter beobachten. Lange Zeit verstellten Mythen und Aberglaube den Blick auf die physikalischen Ursachen dieser nächtlichen Erscheinung. Auch heute noch heißt es: «Wer dem Nordlicht winkt, den holt es sich.»*

MAGERØYA *Überfahrt zur norwegischen Insel Magerøya, auf der das Nordkap liegt. Im Juli kommen bis zu dreitausend Besucher pro Tag aus ganz Europa zum «letzten Aussichtspunkt vor dem Eismeer».*

AM TORNEÄLV *Im Land der Mitternachtssonne: Der kleine Ort Kaisepakte liegt am Fluß Torneälv, der ganz im Norden von Schweden, direkt an der Grenze zu Norwegen, dem Fjällsee Torneträsk entspringt.*

INARISEE *Über dreitausend Inseln liegen im achtzig Kilometer langen und vierzig Kilometer breiten Inarisee im Norden von Finnland.*

NORDFINNLAND *Unvermutete Farbenpracht: Carl von Linné entdeckte 1732 bei seiner Expedition in diese nördlichen Gefilde Gräser, Moose und Flechten, die er nirgends zuvor gesehen hatte. Im Frühling verwandelt sich die als öde bekannte Landschaft Lapplands mancherorts in ein Blütenparadies.*

INARISEE *Am Nordwestufer des Inarisees ist das Klima arktisch, die Baumgrenze stößt an den See. Vor allem Moose und Flechten bilden in dieser Region Lapplands, in der der Winter fast ohne Frühjahr in den Sommer übergeht, die kärgliche Vegetation.*

FINNISCHE SEENLANDSCHAFT

»Fischreiche Wässer! Schönbäumige Wälder! / Birken- und Beerenduft! / Vieltoniger Wind, durchschaukelnd eine Luft / So mild, als stünden jene eisernen Milchbehälter / Die dort vom weißen Gute rollen, offen ...« Bertolt Brecht um 1940 über Finnland

In Finnland, dem «Land der Seen», ist es kein Problem, eine einsame Ruderpartie zu machen. Im Sommer sollte man sich allerdings reichlich mit Mückenspray versehen, bevor man zur romantischen Bootsfahrt aufbricht ...

PALOLOMPOLOSEE ▷

Reinhold Wulff

GEOGRAPHIE · LANDESKUNDE · GESCHICHTE

Nicht einmal 100 der über 6500 Ålandinseln sind bewohnt. Zwischen den von Wind und Wetter glattgeschliffenen Felsen lassen sich zahlreiche einsame Buchten finden.

Geographie Nordeuropas

Der europäische Norden besteht im wesentlichen aus den Ländern Dänemark, Finnland, Norwegen und Schweden, die geologisch und topographisch zwar eine differenzierte, aber doch zusammenhängende Einheit bilden. Die atlantischen Gebiete – Republik Island (siehe Seite 142), die autonomen Territorien Grönland (siehe Seite 141) und Färöer (siehe Seite 138) sowie die norwegischen Inseln Jan Mayen und Spitzbergen (siehe Seite 172, *Svalbard*) – werden zwar landläufig auch zum Norden gezählt und wurden teilweise seit mehr als tausend Jahren von dort aus besiedelt, sie gehören aber nicht zu den historischen Ausgangsgebieten der Skandinavier – was im engeren Sinn auch für Finnland gilt. Geologisch und topographisch weichen sie stark von Skandinavien ab. Letztlich unterscheiden sich ihre Siedlungsgeschichte, ihre wirtschaftlichen und kulturellen Strukturen so sehr vom übrigen Gebiet, daß sie im vorliegenden Band nur knapp behandelt werden können.

Der nordeuropäische Raum erweist sich als klar umrissenes Gebiet. Die bis zu zwei Kilometer dicken Eismassen der letzten Eiszeit gaben Skandinavien erst vor etwa neuntausend Jahren wieder frei, die fennoskandinavischen Umrisse mit den Meerbusen und der Öffnung der Ostsee zum Atlantik sind sogar erst vor rund siebentausend Jahren allmählich entstanden. Noch heute hebt sich das skandinavische Festland, vom Druck der Eismassen befreit, an einigen Orten bis zu einem Meter im Jahrhundert. Es gliedert sich grob in drei geologische Großräume: Norwegen und Schweden trennt eine Fjällandschaft (die Skanden, siehe Seite 161, *Berge*) auf einer Länge von 1700 Kilometer voneinander. Mit Höhen von 1000 bis fast 2500 Metern ist dieses Plateaugebiet ein Ergebnis der kaledonischen Faltungen, in denen sehr altes Gestein über jüngeres verschoben wurde. Der Baltische Rücken, der sich in Schweden und Finnland mit geringen Erhebungen, aber zahlreichen Flüssen und Seen im Osten den *Skanden* anschließt, stellt den größten geographisch einheitlichen Raum dar. In Südschweden beginnt eine gänzlich andere geologische Struktur, die sich bis Dänemark fortsetzt. Hier bestimmen eiszeitliche Ablagerungen den Charakter des Landes. Wir finden Dünenlandschaften, Kreidefelsen an einigen Küsten und nur geringe Erhebungen.

Landeskunde

Ålandinseln (Åland/Ahvenanmaa)

Die zwischen Finnland und Schweden gelegenen Ålandinseln mit einer Gesamtfläche von etwas über 1500 Quadratkilometern besitzen heute einen autonomen Status in der Republik Finnland, sind aber kulturell noch immer schwedisch geprägt. Nach der finnischen Unabhängigkeit und dem Ende des Ersten Weltkriegs sprach der Völkerbund 1921 die Inseln endgültig Finnland zu, garantierte aber den Åländern weitgehende Autonomierechte. So hißt man dort – wie auch in Grönland (siehe Seite 141) und auf den Färöern (siehe Seite 138) – gern die eigene Fahne, gibt eigene Briefmarken heraus und hat eine eigene Vertretung im Nordischen Rat. Nicht zuletzt ist das Schwedische die ausschließliche Amtssprache der Inseln.

Heute leben die Bewohner Ålands neben der Handelsschiffahrt und der Landwirtschaft hauptsächlich vom Tourismus. Die mehr als 6500 Eilande sind meist flach – die höchste Erhebung ist der Orrdalsklint mit 132 Metern – und vor allem mit Fichten und Kiefern, manchmal auch mit Birken oder Erlen bewachsen. Viele Küsten- und Seevögel sind hier heimisch, zudem sind die Inseln eine wichtige Zwischenstation für Zugvögel.

Dänemark (Kongeriget Danmark)

Dänemark, bestehend aus einer Halbinsel (Jylland), zwei Hauptinseln (Sjælland und Fyn) sowie zahlreichen größeren und kleineren, bewohnten (etwa einhundert) und unbewohnten (fast vierhundert) Inseln ist mit einer Landfläche von knapp 45000 Quadratkilometern nahezu vollständig vom Meer umschlossen. Die einzige Landgrenze, mit Deutschland, ist nur knapp 70 Kilometer lang – die Küstenlänge Dänemarks hingegen beträgt etwa 7400 Kilometer. Kein Ort befindet sich weiter als etwa 50 Kilometer vom Meer entfernt.

Jylland (Jütland) Auf der Halbinsel verteilt sich die größte Fläche des eigentlichen Dänemarks. Sie ist bekannt wegen ihrer Sandstrände, die meist einer ausgedehnten Dünenlandschaft vorgelagert sind. Jylland wird in der

Links oben: Die Kirche von Ørslev auf Seeland, Dänemark. Ihr Innenraum wird geschmückt von Fresken aus dem 14. Jahrhundert.

Links unten: Fünen mit seinen zahlreichen Badestränden gilt als »die« dänische Urlaubsinsel.

Mitte: Fischkutter bei Lønstrup in Jütland.

Regel in vier bis fünf Zonen eingeteilt, die allerdings nicht sehr scharf umrissen sind, sich aber historisch, geographisch und wirtschaftlich durchaus voneinander unterscheiden.

In *Nordjylland (Nordjütland)* ist man allseits von Wasser umgeben, Kattegat, Nordsee und der Limfjord schließen das schmale Stückchen Erde ein. Das Wasser prägt denn auch das Leben in Nordjylland in besonderem Maß. Neben dem immer wichtiger werdenden Tourismus, der von den breiten Sandstränden profitiert, sind Fischerei, Handel und Landwirtschaft die wesentlichen Einnahmequellen. Auf dem Limfjord konkurrieren Menschen und Wasservögel um die reichen Muschel- und Fischbestände. Ansonsten macht sich Nordjylland durch seinen feinen Sand bemerkbar, der von den Küsten ins Inland geweht wird und dort schon manches Gebäude unter sich begraben hat; die versandete Kirche von Skagen an der nördlichsten Spitze Dänemarks ist das prominenteste Beispiel.

Vestjylland (Westjütland) mit seinem weiten Wattenmeer ist Dänemarks Brückenkopf zum Westen. Von hier, vor allem von der Hafenstadt Esbjerg aus, verkehren die Fracht- und Passagierschiffe nach England, Schottland, zu den Färöern oder nach Island (siehe Seite 142). Besonders in den südlichen und östlichen Teilen Vestjyllands befinden sich relativ große Agrarbetriebe, die sich meist auf Viehhaltung spezialisiert haben. Dennoch zählt diese Region nicht zu den wohlhabenden Gebieten Dänemarks. Wie im ganzen Königreich bemerkt man auch in Jylland ein Ost-West-Gefälle: Der Reichtum sitzt in Kopenhagen (siehe Seite 164), im Westen ist das Armenhaus. Auch in Jylland liegen die einkommensstarken Verwaltungszentren wie Åbenrå (deutsch Apenrade), Fridericia, Århus (siehe Seite 161) oder Ålborg an der Ostküste.

Østjylland (Ostjütland) und *Midtjylland (Mitteljütland)* faßt man gewöhnlich zusammen, da die von der Eiszeit geprägte Hügellandschaft mit den Fjorden und Tälern sich quer über das gesamte Gebiet erstreckt. Die ausgedehnten Heidelandschaften sind Ergebnis der Bevölkerungszunahme in Dänemark: Immer mehr Wälder wurden seit dem Mittelalter abgeholzt, weil man das Land unter den Pflug nehmen wollte, Bretter zum Schiffbau benötigte oder Brennholz brauchte.

Sønderjylland (Südjütland/Nordschleswig) ist das historisch umstrittene Grenzgebiet zwischen deutschem und dänischem Einfluß. Heute lebt noch eine deutsche Minderheit in dem von ihnen Nordschleswig genannten Grenzgebiet, deren Mitglieder ihre Kinder auf deutsche Schulen schicken, im deutschen Sportverein turnen und deutsche Gottesdienste besuchen.

Die Insel **Fyn (Fünen)** ist weit mehr als nur eine Durchgangsstation auf der Fahrt von Jylland nach Kopenhagen (siehe Seite 165). Von den Meerengen Lille (Kleiner) und Store Bælt

(Großer Belt) eingerahmt, war die Insel für Dänemark schon immer von strategischer Bedeutung. Der wirtschaftliche Wert liegt vor allem in den fruchtbaren Ackerböden, die Fyn zum Garten des Königreichs gemacht haben. Obstplantagen wechseln sich mit Getreidefeldern, Wälder mit Parkanlagen ab, in den Küstenstädten bestimmen Fischmärkte und Hafenanlagen das Bild.

Das Zentrum Dänemarks befindet sich auf **Sjælland (Seeland)**, ungefähr ein Drittel der dänischen Bevölkerung wohnt im Großraum *Kopenhagen* (siehe Seite 165), der seit dem 19. Jahrhundert immer mehr Anziehungskraft gewinnt und bereits in den vierziger Jahren des 20. Jahrhunderts mit mehr als einer Million Bewohnern das einwohnerstärkste Gebiet in Nordeuropa wurde.

Durch eine überaus ertragreiche Landwirtschaft (vor allem Hackfrüchte, Getreide, aber auch Viehzucht), die Herstellung und den Vertrieb von Kunstdünger und Fischereiprodukten gehören auch die anderen Orte auf Sjælland zu den wohlhabenden Wirtschaftsstandorten des Landes.

Klima In Dänemark herrscht ein mildes, durch die Meere bestimmtes Klima. Jyllands Küsten werden noch von den warmen Wassern des Golfstroms berührt, die anderen Gebiete liegen dagegen im Einflußgebiet der Ostsee. Da es keine Gebirge gibt, die als Wetterscheiden wirken können, treffen über Dänemark häufig kalte und warme Witterungsfronten aufeinander, was häufig zu rasch wechselndem Wetter führt. Die Temperaturen schwanken zwischen dem Nullpunkt als Durchschnittstemperatur im Februar und an die zwanzig Grad Celsius im Juli.

Flora und Fauna dieses Übergangsgebiets zwischen Kontinentaleuropa und Skandinavien unterscheiden sich kaum von denen in Mitteleuropa. Markant sind allein die Heide- und Dünenvegetationen. Nadel- (vorwiegend Fichte und Kiefer) und Laubwälder (Buche und Eiche) sind aufgrund der landwirtschaftlichen Rodungen stark geschrumpft, ähnliche Folgen hatten diese für den Säugetierbestand. Unter den Vögeln dominieren naturgemäß die Wasser-, Wat- und Strandvögel, die an den Meeren und Binnengewässern leben.

Politik Die dänische Innenpolitik der letzten vierzig Jahre ist von einer erstaunlichen Stabilität gekennzeichnet – und das trotz einer Vielzahl kleiner Parteien im *folketing*, dem dänischen Parlament, die es in der Nachkriegszeit immer notwendig machten, das Königreich mit wechselnden Koalitionen und/oder Minderheitenkabinetten zu regieren. Trotzdem kam es hier nie zu den in Deutschland so oft beschworenen »Weimarer Verhältnissen«. Das mag an der stabilisierenden Kraft der altehrwürdigen, über tausendjährigen Tradition der

Rechts oben: Eine alte Windmühle bei Svaneke auf der dänischen Insel Bornholm.

Rechts unten: Auf den acht Kilometer langen und bis zu 135 Meter hohen Kreideklippen auf der Ostseite der Insel Møn erstreckt sich ein Plateau mit Buchenwäldern.

Monarchie liegen oder auch an der dänischen Mentalität, vieles nicht so verbissen zu sehen. Die königliche Macht wurde zwar seit 1901, als König Christian IX. (1863–1906) erstmals eine Regierung berufen mußte, die im *folketing* über eine Mehrheit der Liberalen verfügte, immer stärker eingeschränkt, gleichwohl ist heute die konstitutionelle Monarchie genauso wie die Person der dänischen Königin in der Öffentlichkeit kaum umstritten.

Obwohl manchmal mehr als ein Dutzend Parteien im Parlament vertreten sind, ist das Parteiensystem ähnlich klar gegliedert wie in den anderen nordischen Ländern. Es gibt die typische Blockbildung, wobei zum ersten Block die Sozialdemokraten und andere Linksparteien, zum zweiten Bauern-, liberale und konservative Parteien gehören. Erst in jüngster Zeit haben Protest-, Umwelt- und christliche Parteien dieses Schema durchbrochen, und es kommt zu Regierungskoalitionen über die Blockgrenzen hinweg. Ein Zeichen dänischer Toleranz und Gelassenheit ist die Existenz des Freistaats Christiania in Kopenhagen (siehe Seite 165). Nachdem 1971 Jugendliche dieses ehemalige Militärgelände besetzt hatten, intervenierte zwar die Stadt wegen Rauschgifthandels und anderer Delikte einige Male mit Polizeigewalt, aber seit 1991 ist der anarchische Freistaat staatlich anerkannt und mit ordentlichen Verträgen rechtlich abgesichert. Von hier aus wurde in den siebziger und achtziger Jahren die Anti-Atomkraftbewegung unterstützt, die erreichte, daß auf den Bau eines Atomkraftwerks in Dänemark verzichtet wurde.

Die Färöer (Føroyar)

Die Färöer (zu deutsch: Schafsinseln) sind eine kleine Inselgruppe aus knapp zwanzig Eilanden und Schären, zusammengenommen bedecken sie ein Gebiet von etwa 1400 Quadratkilometern. Sie liegen im Atlantik, ungefähr gleich weit entfernt von den Küsten Islands, Norwegens und Schottlands. Die Inseln sind Reste des riesigen Basaltplateaus, das vor 70 Millionen Jahren Irland, Schottland, Island (siehe Seite 142) und Grönland (siehe Seite 141) miteinander verband. Die zerklüftete, bis zu knapp 900 Meter ansteigende Berg- und Tallandschaft läßt noch heute deren vulkanischen Ursprung erkennen. Die an den Küsten teilweise senkrechten Kliffs und die im Binnenland von Gletschern ausgewaschenen Täler bestimmen den Charakter des Landes.

Klima Das ozeanische Klima ist vergleichsweise mild, im Winter fällt das Thermometer selten unter den Gefrierpunkt, im Sommer aber steigt die Durchschnittstemperatur auch kaum über zehn Grad Celsius. Hinzu kommt viel Feuchtigkeit, nebelverhangene Berge sind ein immer wiederkehrendes Bild.

Flora und Fauna Die Vegetation ist von diesen Verhältnissen geprägt und noch dadurch beeinträchtigt, daß sich auf den Inseln nur eine dünne Humusschicht findet. Viele Pflanzen können sich nicht entwickeln, weil die Schafe alles bis knapp über der Grasnarbe abfressen. Neben Grasbewuchs mit eingestreuten widerstandsfähigen Pflanzen finden sich Heidegebiete und im Stadtpark der Hauptstadt *Tórshavn* wachsen sogar einige Bäume. Alles in allem sind das jedoch Bedingungen, die nur eine bescheidene Landwirtschaft zulassen. Ebenfalls nicht sehr artenreich ist die Tierwelt, wenn man von den Vögeln absieht. Fast ausschließlich handelt es sich dabei um Meeres- und Küstenvögel, besonders aus den Familien der Lummen, Alke oder Tölpel. Am wichtigsten für die Inseln sind die Meerestiere. Hering, Dorsch, Schellfisch und verschiedene Walarten finden sich in den küstennahen Gewässern. Fisch ist auf den Färöern ein Hauptnahrungsmittel und die bedeutendste Erwerbsquelle.

Politik Die Geschichte der Färöer ist nur im Rahmen der Beziehungen zu den Königreichen Norwegen und Dänemark zu verstehen. Ihren autonomen Status haben sich die Inseln schrittweise seit Beginn des 20. Jahrhunderts erkämpfen können. Seit die Färöer 1948 ihre Autonomie erhielten, bestimmen die Färinger in eigener Regie über ihre Innen- und Wirtschaftspolitik in ihrem *løgting* (Parlament). Ein beredter Ausdruck dieser eigenständigen Politik war 1972 die Entscheidung, nicht mit dem Mutterland Dänemark in die Europäische Gemeinschaft einzutreten.

Wer in dieser Bucht auf den Färöern lebt, ist entweder Fischer oder fährt täglich in die Hauptstadt Torshavn zur Arbeit. Von der Landwirtschaft leben nicht einmal zwei Prozent der Einwohner.

Finnland (Suomen Tasavalta/ Republiken Finland)

Finnland ist mit seinen etwa 340 000 Quadratkilometern und rund fünf Millionen Einwohnern nach Island und Norwegen der am dünnsten besiedelte Staat in Europa, hier leben – für den Mitteleuropäer kaum vorstellbar – nur sechzehn Einwohner pro Quadratkilometer. Anzumerken ist hierbei, daß die Bevölkerung sehr ungleichmäßig verteilt ist, im südlichen Großraum um die Hauptstadt Helsinki (siehe Seite 164) leben fast hundertdreißig, in der nördlichen Hälfte des Landes weniger als zehn Einwohner auf dem Quadratkilometer. Die Ursache liegt im Klima dieses nördlichsten Landes der Erde (ein Viertel der Landfläche liegt nördlich des Polarkreises). Da die ausgleichenden Wärmewirkungen des Golfstroms und der Ostsee nur noch wenig Einfluß haben und vom Osten her asiatisches Kontinentalklima eindringen kann, sinkt das Thermometer im Winter oft urplötzlich auf weniger als minus zwanzig Grad Celsius.

Nordfinnland Die Schneedecke in Nordwestlappland hält sich länger als zweihundert Tage im Jahr, die Vegetationsperiode beträgt weniger als hundertfünfzig Tage, so daß in der Nordhälfte Finnlands fast nirgends mehr Getreide angebaut werden kann. Denkbar ungünstig für Mensch und Tier sind auch die Lebensbedingungen in den Bergen (siehe Seite 161), die im äußersten Nordwesten Finnlands liegen und bis über tausend Meter hoch sind. Im unwirtlichen Nordfinnland ist deshalb die Rentierzucht der Samen eine der wenigen möglichen Wirtschaftsweisen. Zentrum Lapplands ist die Stadt Rovaniemi (siehe Seite 172), die genau am Polarkreis liegt.

Österbotten Die Küstenzone am Bottnischen Meerbusen wird von den Finnen *Pohjanmaa* (Land des Nordens) genannt, die schwedische Bezeichnung Österbotten ist jedoch die in Deutschland gebräuchlichere. Dieses Tiefland ist besonders fruchtbar. Als eine Spätfolge der Eiszeit hebt es sich jährlich um einen Zentimeter. Die wichtigsten Orte sind die Küstenstädte Oulu, schwedisch Uleåborg, und Tornio/Torneå. Orte mit schwedischen Namen findet man vor allem im Westen und Süden Finnlands. Sie spiegeln die Einwanderungsströme aus dem Nachbarland seit dem frühen Mittelalter wider. Die Schweden verdrängten die Finnen, christianisierten sie in Kreuzzügen gewaltsam und brachten das Gebiet Finnlands in schwedischen Besitz. Bis ins 19. Jahrhundert stellten sie die politische Führung. Heute ist Schwedisch zwar nur noch von etwa sechs Prozent der Bevölkerung die Muttersprache, aber es ist immer noch offizielle Landessprache neben dem Finnischen.

Südwesten und **Süden** Historische Kernländer Finnlands sind der Südwesten, der auch «Eigentliches Finnland» genannt wird, und der Süden. Hier liegen die ehemalige Hauptstadt Turku/Åbo (siehe Seite 175) und die jetzige, Helsinki/Helsingfors (siehe Seite 164). Sie sind nicht nur wichtige Verwaltungs- und Universitätsorte, sondern auch Zentren für Gewerbe und Handel. Ein Großteil der Exporte wird über die Häfen am Finnischen Meerbusen abgewickelt.

Der **Seenplatte** in Zentralfinnland verdankt Finnland den Beinamen «Land der tausend Seen». Tatsächlich gibt es hier mehr als die beschworenen tausend Seen (siehe Seite 172), hinzu kommt ein Labyrinth aus Flüssen, Sümpfen und Niederungen, das diesem Gebiet ein ganz eigenes Flair verleiht. In dieser Region wurde Tourismus selbstredend zu einer wichtigen Einkommensquelle. Von wirtschaftlichem Interesse sind hier ansonsten nur die Viehhaltung – und natürlich die Holzindustrie. Holz, Papier und Zellulose gehören zu den bedeutendsten finnischen Exportartikeln.

Ostfinnland Das Grenzgebiet im Osten des Landes beherbergt den kleinen Rest von Karelien, den Finnland von dieser alten Kulturlandschaft nach dem Zweiten Weltkrieg nicht an die Sowjetunion abtreten mußte. An der Grenze zu Rußland gelegen, wurde dieses Gebiet kulturell stark vom Osten beeinflußt. Davon zeugen Kirchenarchitektur und christlich-orthodoxer Glaube, dem die Mehrheit der

Links oben: Auf dem Ångermanälv in Nordschweden. Die Baumstämme werden für den Transport zu großen Flößen zusammengefaßt.

Links unten und Mitte: An einem See ein Ferienhaus zu haben, möglichst weit weg vom nächsten Nachbarn, ist für viele Finnen eine Selbstverständlichkeit.

Bevölkerung angehört. Da sich in Karelien, fernab vom schwedischen Einfluß aus dem Westen, viele Elemente alter finnischer Kultur erhalten konnten, gilt es als der ursprünglichste Teil Finnlands.

Politik In der Politik Nordeuropas spielt Finnland eine besondere Rolle. Erst 1917 konnten die Finnen sich ihre Unabhängigkeit erkämpfen. Damit ist Finnland der jüngste Staat auf der skandinavischen Halbinsel. Außerdem ist es die einzige Republik (wenn auch 1917/18 kurzfristig über die Einführung der Monarchie nachgedacht wurde) mit einer Präsidialverfassung, die dem Staatspräsidenten einen sehr großen Einfluß einräumt. Da Urho Kekkonen dieses Amt von 1956 bis 1981, also 25 Jahre und damit länger als mancher Monarch ausübte, machte sich der Unterschied in der Staatsform zu den nordischen Nachbarländern kaum bemerkbar. Der finnische Staatspräsident ist mit wesentlich mehr Macht ausgestattet als die Mitglieder der skandinavischen Königshäuser. Ihr Einfluß auf die Staatsgeschäfte wurde im Lauf der letzten zwanzig Jahre stetig reduziert, der des Staatspräsidenten indes nahm nach dem Zweiten Weltkrieg zu. Er bestimmt die Außenpolitik, besitzt ein Vetorecht bei Gesetzesvorlagen und ernennt die höchsten Beamten und Richter. Seine Machtfülle ist nur mit der der Präsidenten in Frankreich oder den USA zu vergleichen. Wie diese wird er vom Volk gewählt.

Urho Kekkonens Verdienst war die Fortsetzung und Weiterentwicklung der besonderen Beziehungen zur Sowjetunion. Der Begriff der »Finnlandisierung« machte in der Welt zwar die Runde, womit eine allzu bereitwillige Anpassung an das kommunistische Regime im Osten gemeint war, er kann aber nur als Diffamierung bezeichnet werden. Denn diese Politik ermöglichte Finnland schrittweise den Eintritt in internationale Organisationen (EFTA, Nordischer Rat, Europarat), und zu keiner Zeit konnte die Westorientierung Finnlands ernsthaft in Frage gestellt werden. Nicht von ungefähr fand die Konferenz für Sicherheit und Zusammenarbeit in Europa (KSZE) 1975 in Helsinki statt: Gerade in den Zeiten des Kalten Krieges konnte Finnland eine wichtige Mittlerrolle zwischen Ost und West wahrnehmen.

Wirtschaft Nach schwierigen Jahrzehnten erlebte Finnland in den achtziger Jahren einen plötzlichen Boom, der auf Entwicklungen in der Informationstechnologie, dem Umbau der Werftindustrie zu modernen Produktionsstätten für Ölplattformen und andere Investitionsgüter sowie der weiterhin expandierenden Holzverarbeitung beruhte. Es gelang endlich, die nordischen Nachbarländer in bezug auf die wirtschaftliche Kraft einzuholen und teilweise sogar zu überflügeln. Die Steigerungsraten im Bruttosozialprodukt erreichten Rekordhöhen. Mit dem Verlust der Ostmärkte nach dem Zerfall des kommunistischen Blocks fand diese expansive Phase jedoch ein abruptes Ende,

die schwerste Wirtschaftskrise der jungen Geschichte ergriff das Land und ließ die Arbeitslosigkeit steil ansteigen.

Die zunehmenden Erwerbslosenzahlen bestärkten die Finnen in ihrer Politik, Einwanderern aus nichtnordischen Staaten, Flüchtlingen und Asylanten möglichst nicht den Aufenthalt in ihrem Land zu gewähren. Wie in Island (siehe Seite 142) wacht man in Finnland streng über die nationale Identität und versucht, ausländische Einflüsse auf Sprache und Kultur möglichst gering zu halten.

Grönland (Kalatdlit Nunât)

Grönland, die mit 2,2 Millionen Quadratkilometern – von denen nur rund 340 000 Quadratkilometer eisfrei sind – größte Insel der Welt, gehört nur unter geschichtlichen Aspekten und solchen der Besiedlung zum nordeuropäischen Kulturkreis.

Im Jahr 985 erreichte Erik der Rote mit etwa dreihundert bis vierhundert Landsleuten und vielerlei Haustieren und Waren Grönland, das wahrscheinlich schon vorher von isländischen Seefahrern gesichtet worden war. Erik war aus Island (siehe Seite 142) verwiesen worden und mußte sich in Grönland mit seinen Anhängern eine neue Existenz aufbauen. Sie siedelten an zwei grünen (daher der Name der Insel) Küstenstrichen im Süden und Westen, die eine karge Existenz boten. Etwa vierhundert Jahre konnten diese Kolonien existieren. Von hier aus wurden sogar Fahrten nach Nordamerika unternommen: Die Skandinavier kamen Columbus also fast fünfhundert Jahre zuvor.

Nach 1408 hörte man im Königreich Dänemark–Norwegen nichts mehr aus Grönland, wahrscheinlich waren die wenigen, kleinen Siedlungen im Laufe der Zeit in Auseinandersetzungen mit den Eskimos, aufgrund von Seuchen oder auch des sich verschlechternden Klimas zugrunde gegangen.

In Kopenhagen (siehe Seite 165) vergaß man Grönland völlig. Erst im 18. Jahrhundert wurde die Insel von Dänemark aus erneut kolonisiert und ausgebeutet. Wirtschaftlich interessierte die Kolonie nicht nur wegen der Fischgründe, sondern auch wegen umfangreicher Bodenschätze, die unter dem Eis entdeckt wurden. Vor allem Zink und Blei, aber auch seltenere Rohstoffe wie Kryolith, Molybdän und Chrom konnten beziehungsweise können trotz der schwierigen Umweltbedingungen abgebaut werden. Das wichtigste Handelsgut blieben aber bis auf den heutigen Tag Meeresprodukte wie Krabben, Dorsch, Heilbutt oder Fischmehl, zumal da Ausbeutung und Absatz der Erze schwieriger geworden sind.

1979 erhielt Grönland den Status einer autonomen Region und kann selbst über innen- und wirtschaftspolitische Fragen abstimmen. Ausdruck dieser Selbständigkeit war 1985 Grönlands Austritt aus der EG, in die man 1972 zusammen mit Dänemark eingetreten war.

Rechts oben: Von den gigantischen Gletschern Grönlands brechen kleine und große Eisberge ab, die vor der Küste treiben.

Rechts unten: Die grönländische Hauptstadt Godthåb liegt an der Westküste der zum allergrößten Teil mit Eis bedeckten Insel.

Oben: Auf den Westmännerinseln südlich von Island – wie hier auf Heimaey – gibt es noch tätige Vulkane.

Unten: In den isländischen Goðafos (Götterfall) soll Porgeir, nachdem das Land auf sein Betreiben das Christentum angenommen hatte, seine Götzenbilder geworfen haben.

Island (Lýðveldið Ísland)

Besiedelt wurde Island wohl zunächst von irischen Mönchen, kolonisiert und politisch organisiert aber erst nach der Ankunft von Norwegern unter Ingólfur Arnarson im Jahr 874. Die frühe Geschichte der Insel ist aufgrund zahlreicher Sagas und anderer schriftlicher Aufzeichnungen gut dokumentiert.

Bereits um 930 trafen sich erstmals die freien Männer der Insel auf Thingvellir zum *Althing*, einer der ältesten gesetzgebenden Versammlungen in Europa. Man wählte einen Gesetzessprecher, der bis zum nächsten Treffen die Funktion des Oberhaupts der Republik wahrnahm. Die Unabhängigkeit verlor Island 1262, als das Althing den norwegischen König als Herrn anerkennen mußte. Nachdem Island 1380 zusammen mit Norwegen zu Dänemark kam, blieb es etwa fünfhundert Jahre unter der Gewalt der Dänen. Erst 1918 wurde man innerhalb einer Personalunion mit Dänemark selbständig, bis 1944 die Gunst der Stunde genutzt wurde: Als Dänemark von deutschen, Island von amerikanischen Streitkräften besetzt war, verkündete die Inselrepublik am 17. Juni – seitdem isländischer Nationalfeiertag – einseitig die Unabhängigkeit. Nach dem Zweiten Weltkrieg wurde Island Mitglied der NATO und überließ den USA einen Luftwaffenstützpunkt in Keflavík, unweit Reykjavík.

Die Inselrepublik ist mit gut 100 000 Quadratkilometern ungefähr doppelt so groß wie Niedersachsen, aber auf dem sehr kargen, von Vulkanen, Heißwasserquellen und Gletschern geprägten Eiland leben nur etwa so viele Menschen wie in Braunschweig, einer mittleren Großstadt.

Haupterwerbszweige sind in Island immer noch Fischfang und -handel, hinzu kommt die Aluminiumproduktion, die aufgrund der geringen Energiekosten billig ist, aber enorme Umweltprobleme verursacht. Man plant deshalb, diesen Industriezweig einzuschränken und statt dessen das eigentliche Kapital der Insel, die in Wasserkraftwerken und aus Heißwasserquellen gewonnene Energie, per Fernleitungen ins Ausland zu exportieren.

Norwegen (Kongeriket Norge/Noreg)

Aufgrund seiner Geographie spielt Norwegen in vieler Hinsicht eine Sonderrolle. Mit über 1750 Kilometer Ausdehnung von Süden nach Norden (von denen ein Drittel nördlich des Polarkreises liegt) ist es das längste Land in Europa, gleichzeitig ist es eines der schmalsten. Südlich von Narvik dehnt es sich nur wenig über sechs Kilometer aus, am breitesten ist es bei Bergen (siehe Seite 162) mit etwa 430 Kilometern. Norwegen ist außerdem das gebirgigste nordische Land, die alpinen Gipfel der Skanden (siehe Seite 161, *Berge*) liegen bei über 2000 Meter Höhe und riegeln Norwegen im Osten ab. Norwegen war deswegen immer stärker nach Westen und Süden orientiert als nach Schweden. Dazu trägt der 2650 Kilometer lange und extrem zerklüftete Küstenumriß (die genaue Uferlinie, einschließlich der Inseln, dürfte mehr als 25 000 Kilometer betragen) zum Atlantik bei. Fast 150 000 Inseln und Schären sind der Küste vorgelagert, von denen nur ein kleiner Teil bewohnt ist.

Mittelgebirgsplateaus mit bis zu 1000 Meter Höhe stellen die überwiegende Landschaftsform dar – mehr als die Hälfte der norwegischen Landmasse liegt mindestens 500 Meter über dem Meeresspiegel. Nur der Süden ist flach und gehört zum sich in Schweden und Finnland fortsetzenden Baltischen Rücken.

Østlandet Den größten Teil des norwegischen Anteils am Baltischen Rücken nimmt Østlandet ein. Zentrum dieser Region ist Oslo (siehe Seite 171), die Hauptstadt Norwegens. Neben Handel und Gewerbe ist in dieser Region die Landwirtschaft ein ernstzunehmender Wirtschaftsfaktor.

Sørlandet umfaßt den Südzipfel Norwegens, hier liegt mit Kristiansand ein bedeutender Hafen- und Verwaltungsort. Stavanger im westlich anschließenden **Vestlandet** ist wegen der Erdöl- und Erdgasfelder in der Nordsee heute jedoch die wichtigere Hafen- und Werftstadt. Hier werden Bohrplattformen gebaut, Raffinerien verwerten das aus dem Meeresboden

Oben: Wer das Eismeer als Badeplatz wählt – hier in der Nähe des Varangerfjords im Nordosten von Norwegen –, muß abgehärtet sein.

Unten: Blick vom Sletteffjell bei Fagernes, Norwegen, auf den Vangsmjøsa-See.

geförderte Öl, das in den siebziger Jahren ein kräftiges Wirtschaftswachstum anregte. Preisverfall, steigende Förderkosten und zunehmende Konkurrenz ließen es schon bald abflauen. Wie in den anderen nordischen Ländern scheint die goldene Zeit wirtschaftlichen und sozialpolitischen Fortschritts auch in Norwegen inzwischen der Vergangenheit anzugehören.

Trøndelag heißt das Gebiet um die alte Königsstadt Trondheim (siehe Seite 174). Diese Binnenregion um den Trondheimfjord ist trotz seiner nördlichen Lage ein wichtiges Agrargebiet, wo Getreide und Gemüse angebaut und Viehzucht und Milchwirtschaft betrieben wird. Weitere wichtige Produkte liegen unter der Erde: Hier werden Erze – Eisen, Pyrit, Kupfer – gefördert und verarbeitet.

Nord-Norge (Nordnorwegen) bedeckt mehr als die Hälfte der Länge Norwegens, ist aber am dünnsten besiedelt. Hier leben die Samen. Diese oft Lappen – eine von den Samen selbst abgelehnte Bezeichnung – genannte Volksgruppe lebt verstreut im Norden Norwegens, Schwedens, Finnlands und der Kola-Halbinsel. Sie sind mit den Finnen verwandt, wanderten aber bereits vor ihnen und weit früher als die Skandinavier, wahrscheinlich aus dem Gebiet des Urals kommend, in den Norden ein. In Norwegen sind sie heute die bedeutendste nationale Minderheit. Ihre kulturellen, politischen und wirtschaftlichen Zentren befinden sich in Kautokeino (samisch Guovdageainnu) und Karasjok (Kárášjohka). Entgegen der verbreiteten Vorstellung sind nur etwa zehn Prozent der Samen nomadisierende Rentierzüchter. Der größte Teil hingegen lebt von Fischfang, Ackerbau oder Handel und in zunehmendem Maß von Kunsthandwerk und Tourismus.

Klima Die große Entfernung zwischen Süden und Norden bedingt in Norwegen Unterschiede in Klima, Vegetation und Bevölkerungsdichte. Ausschlaggebend für das Klima ist neben der nördlichen Lage der Golfstrom. Seine warme Strömung erhöht entlang der gesamten norwegischen Westküste die Temperaturen und ermöglicht bis in den hohen Norden Landwirtschaft und Viehzucht. Deshalb sind Häfen wie Narvik das ganze Jahr eisfrei (der Bottnische Meerbusen zwischen Schweden und Finnland, auf vergleichbarer Breite gelegen, ist hingegen im Winter drei Monate lang zugefroren), und die nördlichste Stadt der Welt, Hammerfest, hat eine mittlere Januartemperatur wie das weit im Süden liegende Oslo (siehe Seite 171).

Der östliche Hochgebirgsrücken wirkt als Wetterscheide. Vor ihm regnen sich die vom Atlantik hereinziehenden Wolken ab, so daß der Westteil eine hohe Niederschlagsmenge zu verzeichnen hat. Die Küstenstadt Bergen (siehe Seite 162) gilt mit etwa 4000 Millimeter Niederschlag im Jahr als regenreichste Stadt Europas. Im Landesinneren und besonders im Westen klagen die Bauern hingegen oft über Regenmangel.

Flora und Fauna Ein schmales Band Laubwald säumt die norwegischen Südküsten, daran schließt sich nach Norden Mischwaldgebiet an, das bis nach Trondheim (siehe Seite 174) reicht. In den inneren Gebirgslandschaften und im Norden überwiegen Nadelgehölze, nördlich des Polarkreises (siehe Seite 171) finden wir subarktische und arktische Regionen, in denen Strauch- und Heidegebiete sowie schließlich nur noch Moose und Flechten vorkommen. Die Unzugänglichkeit einiger Landesteile hat das Überleben von selten gewordenen Tieren ermöglicht, die sonst in Europa fast ausgerottetet sind. Braunbär, Wolf, Luchs und der wieder angesiedelte Moschusochse sind neben dem häufiger zu sehenden Ren und dem Elch die beeindruckendsten Tierarten.

Bevölkerung Trotz größerer Ansiedlungen in allen Landesteilen ist in Norwegen, ähnlich wie in Finnland oder Island, die Bevölkerung sehr ungleichmäßig verteilt. Der Oslofjordbereich um die Hauptstadt (siehe Seite 171) beherbergt ein Drittel der gesamten Einwohner. Auf den restlichen 320 000 Quadratkilometern findet sich oft nur ein Einwohner pro Quadratkilometer. Dennoch ist man bestrebt, auch den Menschen in den isolierten Landesteilen die gleichen sozialen, kulturellen und wirtschaftlichen Leistungen zu bieten wie denen in Oslo.

Oben: Die Kirche des südlich von Visby auf der Insel Gotland gelegenen Tofta stammt aus dem 13. Jahrhundert.

Unten: Der schwedische Hjälmarsee ist ungefähr so groß wie der Bodensee. Da der See sehr fischreich ist, leben hier viele Vögel.

Wie Finnland ist Norwegen zweisprachig, allerdings basieren beide Sprachen auf einem gemeinsamen nordgermanischen Stamm. Die heute *nynorsk* genannte Sprache wurde im 19. Jahrhundert auf der Grundlage ländlicher Dialekte entwickelt. Sie sollte ein ursprüngliches Norwegisch, das durch die lange dänische Oberherrschaft verfremdet worden war, wieder herstellen. Heute benutzt ein knappes Fünftel in Norwegen das Nynorsk, das inzwischen von den gröbsten Danismen befreite *bokmål* ist jedoch weiterhin die verbreitetere Umgangssprache.

Politik In der Weltpolitik hat das junge Norwegen in ähnlicher Weise Bedeutung erlangt wie der große Nachbar im Osten: Vor dem Schweden Dag Hammarskjöld (1905–1961) war Trygve Lie (1896–1968) von 1946 bis 1952 erster Generalsekretär der UNO. Und die spätere Ministerpräsidentin Gro Harlem Brundtland gelangte durch ihre beispielhafte Umweltarbeit zu großem internationalen Ansehen.

Wie in den nordischen Nachbarstaaten wurde die norwegische Innenpolitik lange Zeit von der Sozialdemokratie bestimmt, die versuchte, Wirtschafts-, Sozial- und Regionalpolitik miteinander zu verbinden. In dem ausgedehnten Flächenstaat eine schwierige Aufgabe, gab es doch immer Konflikte zwischen den Bewohnern der Hauptstadtregion mit ihrer südlichen, europäischen Orientierung und denen der Landstriche im Westen und Norden.

Schweden (Konungariket Sverige)

In Schweden unterscheidet man drei Großräume, die durch landschaftliche Gegebenheiten, Vegetation, wirtschaftliche Nutzung, Besiedlung und Geschichte ihr jeweils eigenes Gesicht zeigen.

Mittelschweden wird **Svealand** genannt und gilt als das Herz des Landes. Hier liegen die wichtigen Zentren Birka, Uppsala (siehe Seite 175), Sigtuna und Stockholm (siehe Seite 172), von denen aus Schweden zu unterschiedlichen Zeiten regiert und verwaltet wurde. Die Menschen in den um den Mälarsee (siehe Seite 172, *Seen*) gruppierten Orten lebten beziehungsweise leben vom Nah- und Fernhandel. Die östlichen Landstreifen Svealands sind fruchtbares Ackerbau- und Viehzuchtgebiet, die westlichen zeichnen sich durch reiche Bodenschätze aus. In erster Linie findet man hier Erze (Eisen, Kupfer und bei Sala auch Silber), die bereits im Mittelalter ausgebeutet wurden. Deutsches und niederländisches Kapital und Know-how machten seit dem 16. Jahrhundert eine ergiebige Förderung und Verarbeitung möglich. Im 17. und 18. Jahrhundert war ein Großteil des Eisens auf dem europäischen Markt schwedischer Herkunft, und diese Einnahmen halfen dem Land, seine Großmachtambitionen zu finanzieren. Einige Adlige waren durch den Eisenhandel so reich geworden, daß sie sich prächtige Gutshöfe und Schlösser bauen konnten. Das eindrucksvollste Beispiel hierfür ist das Schloß in Skokloster, westlich von Stockholm (siehe Seite 172). Doch die Eisenerzverarbeitung verringerte, ja vernichtete teilweise die ausgedehnten Nadel- und Mischwälder Svealands, weil das Holz als Brennmaterial in der Verhüttung benötigt wurde. Noch (beziehungsweise wieder) sehr waldreich sind die Landschaften *Värmland* und *Dalarna*, die viele für typisch schwedisch halten. Dalarna besitzt mit dem jährlichen Vasalauf von Sälen nach Mora (mehr als zehntausend Teilnehmer jedes Jahr), den roten Holzhäusern und den zahlreichen Werkstätten, in denen *dalahästor* (Dalarnapferdchen) geschnitzt werden, drei wichtige nationale Symbole.

Götaland liegt südlich der Bergzüge Tiveden und Kolmården, die dieses Gebiet von Svealand trennen. Geomorphologisch ähnelt es bereits Dänemark. Seine Vegetation wird von Mischwäldern bestimmt. Weite Landstriche wurden jedoch gerodet und dienen als Anbaufläche für Getreide oder Raps. Das gilt in besonderem Maße für den südlichsten Teil, *Skåne* (deutsch Schonen). Diese Provinz war die Kornkammer Dänemarks – sie wurde und blieb die schwedische, nachdem Skåne 1658 zu Schweden kam. Weil die Region über einen großen Küstenabschnitt mit mehreren Häfen

verfügt, waren und sind zum Teil noch heute Fischfang (mit entsprechenden Märkten), Seehandel, Güterverkehr und Schiffbau wirtschaftlich von Bedeutung.

Das nördlich von Skåne gelegene *Småland* spielt im Königreich Schweden eine ähnliche Rolle wie Dalarna. Hier leben stolze, sich ihrer Besonderheiten bewußte und von jedem an ihrem Dialekt zu erkennende, als sparsam und fleißig geltende Bauern, Händler, Handwerker und Kleinindustrielle. Lange Zeit eine der ärmeren Provinzen, floriert in diesem Gebiet, das von den Grenzkriegen zwischen Dänemark und Schweden immer wieder gebeutelt wurde, schon seit dem Ende des 17. Jahrhunderts das Kunsthandwerk der Glasbläserei. Die bekanntesten Glashütten sind heute Boda, Kosta und Orrefors.

Die historischen Kerngebiete Götalands sind Väster- und Östergötland, östlich beziehungsweise westlich des Binnensees Vättern gelegen. Große, fruchtbare Ebenen, zahlreiche Wasserfälle und Erzvorkommen waren der Ursprung des Reichtums dieser Provinzen.

Norrland, der nördlichste Landesteil, umfaßt zwar ungefähr die Hälfte der schwedischen Landmasse, hier wohnen aber nur etwas mehr als zehn Prozent aller Schweden. Diese leben vorwiegend in den größeren Küstenstädten oder siedeln seit dem Ende des 19. Jahrhunderts in den lappländischen Erzförder- und -verarbeitungsorten Kiruna, Gällivare oder Malmberget. Die immer noch dichten Nadelwälder bilden neben den Eisenerzgruben die zweite wesentliche Einnahmequelle in Norrland. Holz, früher als Brennmaterial wichtig, dient heute der Papierherstellung. Große Mengen gehen in den Export.

Aufgrund der langen und kalten Winternächte ist im nördlichsten lappländischen Teil Norrlands die *Vegetation* sehr spärlich, Ackerbau kann hier nicht mehr betrieben werden. Kiefern, Birken, Heidekrautgewächse und schließlich die Rentierflechten bestimmen in der tundraähnlichen Landschaft das Bild. Im kargsten Gebiet überleben Rentiere, in südlicheren Gefilden hat der Elch sein Revier.

Als im weitesten Sinn landwirtschaftlicher Erwerb ist hier nur die Rentierzucht möglich, die von den Samen betrieben wird. Diese Bevölkerungsgruppe ist eine der wichtigen Minderheiten in Schweden. Ebenfalls in Norrland leben aus Finnland eingewanderte Kvæner oder Finnen.

Politik Schweden war also nie ein Land mit einheitlicher Bevölkerung. So hatten schon im Mittelalter Lübecker Hansekaufleute in vielen Städten wirtschaftlich und politisch das Sagen. Eine sehr viel größere Zahl an Zuwanderern verzeichnet das Land jedoch seit dem Zweiten Weltkrieg. Ursache hierfür war ein sehr großer Bedarf an Arbeitskräften in der Industrie und eine zunächst liberale Asylpolitik. Heute ist etwa jeder zehnte Einwohner nicht in Schweden geboren; trotzdem ging man in Schweden lange Zeit relativ konfliktfrei miteinander um. Erst eine lang andauernde ökonomische Flaute und die zunehmende Einwanderung von als Wirtschaftsflüchtlinge diffamierten Immigranten bedingten, daß sich seit dem Ende der achtziger Jahre Schwedens Einstellung in der Aufnahmepolitik geändert hat.

Ein weiteres innenpolitisches Faktum ist das Ende der sozialdemokratischen «Hegemonie» und das Zerfallen der politischen Blöcke. Seit der ersten sozialdemokratischen Regierung 1920 wurde die politische Diskussion in Schweden durch die in Gewerkschafts- und Arbeiterbewegung organisierte Bevölkerung bestimmt. Die auch unter dem Schlagwort «schwedisches Modell» bekannte Wirtschafts- und Sozialpolitik zeichnete sich nie durch sozialistische Eigentumspolitik aus, sondern durch eine über hohe Steuern finanzierte Sozialpolitik.

Kennzeichnend für die außerordentliche Kontinuität des politischen Systems ist, daß die Sozialdemokraten bis in die siebziger Jahre hinein über einen Zeitraum von etwa fünfzig Jahren mit nur vier Ministerpräsidenten fast ununterbrochen regierten. Lange Zeit schienen bürgerliche Parteien ohne Chancen im Wettstreit um die Machtübernahme. Erst 1976 gelang es unterschiedlichen Koalitionen aus der konservativen, der liberalen und der bäuerlich-ökologischen Partei, für zwei Legislaturperioden die Sozialdemokraten unter Olof Palme (1927 bis 1986) abzulösen.

Oben: Skåne im Süden von Schweden gehört neben den Großräumen Stockholm und Göteborg zu den am dichtesten besiedelten Regionen des Landes. Etwa zwei Drittel von Skåne werden landwirtschaftlich genutzt.

Unten: Ein Paradies für Kanufahrer sind die Seen der schwedischen Provinz Värmland.

Oben: Das Gräberfeld von Lindholm Høje nördlich der dänischen Stadt Ålborg liegt am Schnittpunkt mehrerer Handelswege der Wikingerzeit. Etwa siebenhundert Gräber sind durch dreieckige, ovale und schiffsförmige Steinsetzungen markiert.

Unten: Gustav II. Adolf (1594–1632) gilt als einer der bedeutendsten schwedischen Könige. Seine Einsätze auf europäischen Kriegsschauplätzen trugen ihm den Namen «Löwe aus Mitternacht» ein.

Daten zur Geschichte Nordeuropas

(Den Königsnamen in Klammern nachgestellte Jahreszahlen geben die jeweilige Regierungszeit an.)

793 Wikinger plündern das nordostenglische Kloster Lindisfarne. In den folgenden etwa 300 Jahren brandschatzen, handeln und siedeln Skandinavier aus Dänemark, Norwegen und Schweden in der Nordhemisphäre

von Nordamerika bis zum Vorderen Orient. Sie werden als Wikinger, Waräger oder Normannen bezeichnet.

9.–11. Jahrhundert Der fränkische Mönch Ansgar (801–865) unternimmt im 9. Jahrhundert erste Missionsversuche im Norden. Das Christentum etabliert sich als Staatsreligion aber in Dänemark erst um 960, in Norwegen zu Beginn des 11. Jahrhunderts und in Schweden etwa 1008. Auf Island votiert das Althing (siehe Seite 142, *Island*) im Jahre 1000 für die Annahme des christlichen Glaubens.

1018–1035 Der dänische König Knud der Große regiert ein dänisch-norwegisch-englisches Großreich.

1066 Wilhelm der Eroberer (1066–1087) aus der Normandie beendet in der Schlacht von Hastings die dänisch-angelsächsische Herrschaft in England. Dieses Ereignis gilt allgemein als Endpunkt der Wikingerzeit.

1219 Dänemark erobert Estland.

1387/89 Königin Margrete I. von Dänemark (1387–1412) vereint in der Kalmarer Union Dänemark, Norwegen und Schweden.

1520 Im Stockholmer Blutbad läßt der dänische König Christian II. (1513–1523) fast hundert schwedische Adlige, Geistliche und Bürger umbringen.

1523 Von der Hanse maßgeblich unterstützt, gelingt es Gustav I. Vasa (1523–1560) schließlich, Schwedens Unabhängigkeit von Dänemark zu erringen. Er vertreibt König Christian II. aus dem Land und beendet damit die Kalmarer Union.

1527 Gustav Vasa führt in Schweden die Reformation ein,

1536 wird sie in Dänemark-Norwegen durchgesetzt.

1632 Der schwedische König Gustav II. Adolf (1611–1632) fällt während des Dreißigjährigen Kriegs auf dem deutschen Schlachtfeld bei Lützen. Das schwedische Eingreifen in diesen Völkerkrieg verhindert die Niederlage der protestantischen Seite und führt

1648 in den Friedensschlüssen zu Münster und Osnabrück zu großen Gebietsgewinnen für Schweden. Gotland und Jämtland, Bremen und Verden sowie Vorpommern mit Rügen fallen nun an Schweden. 1658 erhält Schweden auch noch Bornholm, Halland, Blekinge, Bohuslän und Skåne (Schonen). Schweden ist damit als *die* Vormacht in Nordeuropa und im Ostseeraum etabliert.

1660 Dem dänischen König Frederik III. (1648–1670) gelingt nach verheerenden dänischen Kriegsverlusten mit Unterstützung des Kopenhagener Bürgertums die Einführung der absolutistischen Herrschaft in Dänemark, die

1665 in der Lex Regia schriftlich fixiert wird.

1709 Schwedens «Heldenkönig» Karl XII. (1697–1718) wird nach zahlreichen Expansionsfeldzügen in der Schlacht bei Poltava von den Russen vernichtend geschlagen, 1718 fällt er bei einem Feldzug in Norwegen.

1719–1772 In der sogenannten «Freiheitszeit» wird der Einfluß des schwedischen Monarchen zugunsten der Stände, vor allem des Adels, eingeschränkt.

1772 Der aufgeklärte Absolutismus Gustavs III. (1771–1792) beendet die Freiheitszeit.

1792 Gustav III. stirbt nach einem Attentat.

1809 Im Zusammenhang mit den Napoleonischen Kriegen verliert Schweden Pommern und Finnland. Finnland wird russisches Großfürstentum.

1810 Der schwedische Reichstag wählt Jean Baptiste Bernadotte zum Kronprinzen. Als Karl XIV. Johan herrscht er von 1818 bis 1844.

1813 Dänischer Staatsbankrott.

1814 verliert Dänemark im Kieler Frieden Norwegen an Schweden. Norwegen erlangt

innerhalb der Personalunion mit Schweden eine eigene Verfassung (Eidsvoll-Verfassung) und weitgehende Selbstbestimmungsrechte.

1848/51 Die Herzogtümer Schleswig und Holstein versuchen sich von Dänemark zu lösen. Dieser Aufstand scheitert aufgrund internationaler Interventionen und geringer deutscher Unterstützung.

1864 Dänemark verliert in einem zweiten kriegerischen Konflikt um die Herzogtümer diese an Österreich und Preußen. Das bedeutet den Verlust von etwa einem Drittel der Fläche und einem der wirtschaftlich stärksten Teile des Königreichs. Schleswig-Holstein wird nach 1866 preußische Provinz. Erst 1920 gelangt nach einer Volksabstimmung Nordschleswig (nördlich von Flensburg bis zur Kongeå/Königsau) wieder an Dänemark.

1920 Erster sozialdemokratischer Regierungschef in Schweden (1924 in Dänemark, 1928 in Norwegen).

1939–1945 Auch zu Beginn des Zweiten Weltkriegs erklären die nordeuropäischen Staatsoberhäupter die Neutralität ihrer Staaten. Bereits am

30.11.1939 aber wird Finnland von der Sowjetunion überfallen und muß im Moskauer Frieden von 1940 große Gebietsverluste hinnehmen.

9.4.1940 Deutschland überfällt Dänemark und Norwegen. Die dänische Regierung leistet nur wenig Widerstand und arbeitet in der Folgezeit mit der deutschen Besatzungsmacht zusammen. In Norwegen erklärt sich nach dem deutschen Überfall Vidkun Quisling, der Führer der unbedeutenden faschistischen Partei Nasjonal Samling, zum Regierungschef. Die legale Regierung flieht ins englische Exil, Quisling wird von den Deutschen jedoch bald wieder abgesetzt.

25.6.1941 Finnland schließt sich dem deutschen Überfall auf die Sowjetunion an, in der Hoffnung, zuvor verlorenes Terrain zurückerobern zu können. Schweden seinerseits unterstützt Deutschland und Finnland mit einer Transiterlaubnis für deutsche Einheiten durch eigenes Hoheitsgebiet.

1943–1945 Mit der Wende des Kriegsverlaufs nehmen in Dänemark und Norwegen Sabotageaktionen gegen die deutsche Besatzungsmacht zu, Finnland schließt 1944 einen Waffenstillstand mit der Sowjetunion.

1944 Island erklärt sich zur unabhängigen Republik.

1948 unterzeichnen Finnland und die Sowjetunion einen Freundschafts- und Beistandspakt, der über vierzig Jahre andauert.

1949 Dänemark, Island und Norwegen treten der NATO bei.

Oben: König Christian X. (1870–1947) wird an seinem 72. Geburtstag, 1942, von den Kopenhagenern umjubelt. Dänemark ist seit 1940 von den Deutschen besetzt.

Unten: Christian Magnus Falsen verliest den Grundgesetzentwurf vor der norwegischen Eidsvoll-Versammlung im Jahr 1814. Gemälde von Oscar Wergeland (1887), das im heutigen Storting (Parlament) in Oslo hängt.

1905 Auflösung der schwedisch-norwegischen Union. Nach 525 Jahren erhält Norwegen wieder einen eigenen König.

1906 Finnland führt allgemeines Wahlrecht für Männer *und* Frauen ein (Norwegen 1913, Dänemark und Island 1915, Schweden 1921).

1914–1918 Im Ersten Weltkrieg erklären sich die skandinavischen Länder neutral.

1917 Im Gefolge der russischen Oktoberrevolution erlangt Finnland seine Eigenstaatlichkeit als Republik.

1952 Dänemark, Norwegen und Schweden gründen gemeinsam den Nordischen Rat als Organ einer kulturellen und sozialen Zusammenarbeit.

1960 Dänemark, Norwegen und Schweden entschließen sich zur Mitgliedschaft in der Freihandelszone EFTA.

1972 Dänemark tritt nach einem Referendum der EG bei, in Norwegen scheitert der Beitritt aufgrund der Ablehnung in einer Volksabstimmung.

1981 Die Sozialdemokratin Gro Harlem Brundtland wird die erste Ministerpräsidentin in der Geschichte Norwegens.

1985 Grönland tritt aus der EG aus.

1986 Schwedens Ministerpräsident Olof Palme wird in Stockholm ermordet, was weltweit Aufsehen erregt.

1991–1992 Schweden, Finnland sowie Norwegen beantragen nun die Mitgliedschaft in der Europäischen Gemeinschaft.

FINNLAND

Der ... Finnländer ist heiter und munter, und reinlich gekleidet; und zeigt Kraft und Selbständigkeit. Die Weiber sind meistens groß und wohlgebildet, und oft sehr schön ... Kommt man in die reinlichen, netten, meistens roth angestrichenen Häuser, so findet man freylich des köstlichen Mundvorraths nicht viel; aber alle sind bey dem Wenigen so froh und freundlich und theilen so gern und willig mit, daß eine sehr überfeinerte Seele dazu gehört, sich bey ihnen nicht wohl zu befinden.

Johann Gottfried Seume, 1805

◁ ÅLANDINSELN *Auf den Ålandinseln werden zum Mittsommernachtsfest überall in Kirchennähe bunt geschmückte Maibäume aufgestellt, die «Mittsommerstangen» heißen. Sie symbolisieren Fruchtbarkeit und bleiben den rauhen Winter über stehen.*

ÅLANDINSELN *Nur knapp zwei Stunden braucht die Fähre von Schweden zur Insel Eckerö. Deshalb ist sie bei Besuchern aus Schweden die bekannteste der Ålandinseln. Daß das Leben hier recht geruhsam ist, kann man sich bei einem Blick auf den kleinen Hafen gut vorstellen.*

SAIMAA-SEEN *Zentrum der finnischen Seenplatte sind die Saimaa-Seen. Wie in einem Labyrinth umfließt das Wasser die verschlungenen Inseln. Wer das Gebiet auf eigene Faust mit dem Boot erkunden will, sollte tunlichst die Karte studieren . . .*

SAIMAA-SEEN *In riesigen Floßzügen werden die Baumstämme durch die Saimaa-Seen transportiert. Holz begründete einst Finnlands Wohlstand, und noch heute macht es vierzig Prozent des Exports aus.*

HELSINKI *Mittelpunkt der finnischen Metropole ist der von Johan Albrecht Ehrenström konzipierte Senatsplatz. Links das Denkmal Zar Alexanders II. von 1894, in der Mitte der von 1818 bis 1822 nach Entwürfen von Carl Ludvig Engel erbaute Dom.*

SAVONLINNA *Die Burg Olavinlinna in Savonlinna, zentralfinnische Seenplatte, ist die schönste und besterhaltene Burganlage Finnlands. Sie wurde Ende des 15. Jahrhunderts erbaut.*

UUSIKAUPUNKI *Wo bleibt der frische Wind vom Meer? Eine historische Windmühle bei Uusikaupunki an der Küste Südwestfinnlands.*

RAUMA *In Rauma befindet sich die größte und besterhaltene Holzhäusersiedlung des Landes. Bereits im 16. Jahrhundert wurde sie nach einem festen Plan angelegt. Heute stehen auf fünfunddreißig Hektar Grund noch sechshundert Gebäude.*

Die Holzhäuser der Luostarimäki (Klosterberg) genannten Siedlung in Turku wurden um die Wende vom 18. zum 19. Jahrhundert erbaut. Heute befindet sich hier das Handwerksmuseum der Stadt. Arbeits- und Wohnräume wurden originalgetreu eingerichtet.

TURKU ▷

Reinhold Wulff

NORDEUROPA: EIN GLOSSAR

In das Glossar wurden die wichtigsten Orte und Landschaften Nordeuropas, typische geographische und kulturelle Gegebenheiten und Naturerscheinungen (zum Beispiel das Nordlicht) aufgenommen. Die Großlandschaften Dänemarks, Finnlands, Norwegens und Schwedens sowie nicht zum skandinavischen Festland gehörende Länder und autonome Gebiete werden im Landeskundeteil von Seite 135 bis Seite 145 beschrieben.

Åbo siehe **Turku**

Architektur Die nordeuropäischen Länder haben in ihrer langen Geschichte zahlreiche Kunststile aus Europa aufgenommen. Diese wurden häufig mit heimischen Traditionen verknüpft und teilweise mit eigenständigen Richtungen ausgeprägt. Am augenscheinlichsten wird dies in der Baukunst.

Die norwegischen *Stabkirchen* sind das bekannteste Beispiel einer Verknüpfung kontinentaleuropäischer Einflüsse mit genuin norwegischen Elementen. Etwa dreißig dieser seit der Christianisierung gebauten Holzkirchen findet man noch heute in Südnorwegen. Die meisten von ihnen wurden zwischen 1250 und 1300 errichtet. Sie dienten der Mission und lehnten sich im Erscheinungsbild kontinentalen romanischen Vorbildern an. Gleichwohl wurden wikingertypische Ornamentik und heidnische Tierdarstellungen weiter verwendet. Außerdem weisen Konstruktion und Ausführung der Holzbauten auf Vorbilder im Schiffbau hin. Fast tausend dieser Kirchen entstanden in Norwegen bis zum 14. Jahrhundert. Bis auf einen kleinen Rest verfielen sie jedoch, brannten ab oder wurden abgerissen. Erst im Zuge der norwegischen Nationalromantik Mitte des 19. Jahrhunderts wurden die restlichen Stabkirchen geschützt und restauriert.

Die Stabkirche im norwegischen Kaupanger stammt aus dem 13. Jahrhundert. Sie wurde Mitte des 19. Jahrhunderts restauriert.

Dänemark und Schweden weisen ebenfalls zwei besondere Kirchentypen auf, die allerdings stärker mitteleuropäischen Traditionen verbunden sind. Auffallend sind die zahlreichen, meist weiß gekalkten *Landkirchen*, die mit ihren hohen Giebeltürmen dänische und südschwedische Siedlungen schon von weitem markieren. Sie wurden seit dem 12. Jahrhundert meist aus Kalk- oder Sandstein, teilweise auch aus Granit errichtet. Wenig später lernte man den *Backstein* kennen. Besonders in den Küstenstädten entlang der Ostsee baute man nun prachtvolle Dom- und Klosterkirchen aus Ziegel. Die bekanntesten finden sich im dänischen Roskilde (siehe Seite 171) und im schwedischen Uppsala (siehe Seite 175).

Eine dritte Besonderheit sind die knapp dreißig *Rundkirchen* im Norden, deren prächtigste Beispiele man auf Bornholm (siehe Seite 162) findet. Wie viele andere Kirchen des Mittelalters (besonders deutlich heute noch auf Gotland, siehe Seite 163, zu bewundern) dienten diese Bauten nicht nur dem Gottesdienst, sondern auch der Verteidigung der Landbewohner und ihrer Habe.

Auch eine Reihe von profanen Gebäuden in Nordeuropa ist kunstgeschichtlich von Bedeutung. Neben Rathäusern, Museen und Denkmälern der größeren Städte beeindrucken besonders die Schloßanlagen der skandinavischen Könige und Fürsten. Am einheitlichsten präsentieren sich dabei die *Renaissanceschlösser* in Schweden. Nachdem Gustav I. Vasa die schwedische Unabhängigkeit von Dänemark erstritten hatte, entstanden seit dem 16. Jahrhundert in Schweden trutzige Schloßbauten (teilweise auf den Fundamenten älterer Festungsanlagen). Diese burgähnlichen Bollwerke in Kalmar (siehe Seite 165), Vadstena oder Örebro (siehe Seite 171) dienten der Landesverteidigung gegen Dänemark, aber auch der Repräsentation von Macht gegenüber der eigenen Bevölkerung.

Elemente der nordeuropäischen Baukunst finden sich in der internationalen Architektur des 20. Jahrhunderts: Der schwedische *Funktionalismus* beeinflußte weltweit die Bauweise öffentlicher Gebäude. Die finnischen Architekten Eero Saarinen (1910–1961) und Alvar Aalto (1898–1976) bestimmen mit ihrem progressiven, aber nordischen Traditionen verbundenen Stil das Stadtbild vieler finnischer Städte und sind mit ihren klar gegliederten, durchdachten Bauten auf der ganzen Welt vertreten.

Århus (Dänemark) Århus ist Dänemarks zweitgrößte Stadt, als Jyllands größte ist sie das kulturelle und wirtschaftliche Zentrum der Halbinsel. Einblicke in die Frühgeschichte Dänemarks bietet das Freilichtmuseum auf dem Herrensitz *Moesgård*. Im 10. Jahrhundert soll es in Århus bereits einen Bischofssitz gegeben haben, heute steht vor allem die 1928 gegründete Universität für die kulturelle Bedeutung des Ortes.

Berge *Dänemark* ist ein typisches Flachland mit wenigen Erhebungen von über 100 Metern, der höchste Berg, der *Yding Skovhøj* in Vestjylland mißt gerade 173 Meter.

Links oben: Blick vom Sognefjell, der in Jotunheimen, einem der urwüchsigsten Berggebiete Norwegens, liegt.

Links unten: Der Sogndalsfjord in Norwegen; im Vordergrund die Siedlung Olsnes.

Mitte: Die schwedische Stadt Göteborg bietet sich als Ausgangspunkt für Segeltörns durch das Kattegat an.

Norwegen besitzt im Hochland Jotunheimen mit den Bergen *Galdhøpiggen* (2469 Meter) und *Glittertinden* (2465 Meter) die höchsten nordischen Erhebungen. Bemerkenswert sind die imposanten Gletscher: *Jostedalsbreen* mit 486 Quadratkilometer Ausdehnung ist Europas größter. In 24 Gletscherzungen bewegt er sich streckenweise bis zu 50 Zentimeter am Tag ins Tal. Alle diese Bergmassive sind Teile eines norwegischen Nationalparks (siehe Seite 167).

Das Bergland *Schwedens* beginnt in Dalarna und ist ein Teil des Grenzgebirges zu Norwegen, den *Skanden.* Die höchsten Gipfel erreicht das Hochgebirge in Lappland, das *Kebnekaise-Fjällmassiv* mit einer Gesamtfläche von fast 200 Quadratkilometern erreicht Höhen von über 2000 Metern, die Südspitze des Kebnekaise ist Schwedens höchste Erhebung mit 2123 Metern. Dieses Gebirge versammelt die meisten und ausladendsten schwedischen Gletscher.

Die mächtigsten Bergkuppen *Finnlands* liegen im Dreiländereck mit Norwegen und Schweden. Höchste Erhebung ist der *Haltiatunturi* mit 1328 Metern. Der heilige Berg der Samen *Saanatunturi* mißt zwar nur gut 1000 Meter, bietet aber eine weite Sicht auf Berghänge, Seen und Waldgebirge in Finnland, Schweden und Norwegen.

Bergen (Norwegen) Bergen ist eine der attraktivsten Städte Norwegens. Ihre Geschichte reicht in das 11. Jahrhundert zurück. Eingebettet zwischen sieben Bergen liegt es am Byfjord und ist aufgrund der geschützten Lage ein idealer Hafen. Deshalb entwickelte sich Bergen zum Zentrum der norwegischen Westküste. Bis in die frühe Neuzeit blieb es im dänisch-norwegischen Königreich der wichtigste Handelsplatz mit mehr Warenumschlag als Oslo (siehe Seite 171) oder Kopenhagen (siehe Seite 165). Heute ist Bergen die zweitgrößte Stadt Norwegens mit Universität, Bischofssitz und einem immer noch bedeutenden Handelshafen. Hier endet außerdem die in Oslo startende Bergenbahn, die vielleicht landschaftlich reizvollste Bahnverbindung Europas.

Bornholm (Dänemark) Die dänische Sonneninsel in der Ostsee war ein stetiger Zankapfel zwischen Schweden und Dänemark. Neben der vielfältigen Landschaft mit Sandstränden, Klippen, Wäldern und Hügeln beeindruckt hier die Kirchenarchitektur. Von den sieben erhaltenen dänischen Rundkirchen wurden vier auf Bornholm erbaut. Man errichtete sie im 12. Jahrhundert dreistöckig um einen zentralen Mittelpfeiler. Im oberen Stockwerk angebrachte Wehrgänge belegen deutlich ihre Funktion als Verteidigungskirchen. Diese Kirchenbauten zeigen, wie auch die gewaltige Festungsanlage von *Hammershus* an der Nordspitze, wie umkämpft die Insel war.

Drontheim siehe **Trondheim**

Rechts oben: Die im 13. Jahrhundert aus Kalkstein errichtete Stadtmauer der schwedischen Stadt Visby hat 44 Türme, die bis zu 20 Meter hoch sind.

Rechts unten: Der Göta-Kanal führt quer durch Südschweden. Wer von Göteborg mit dem Schiff nach Stockholm fährt, muß 560 Kilometer zurücklegen und 65 Schleusen passieren.

Fjorde *Norwegen* ist berühmt für seine Fjorde, deren Anblick vom Meer genauso wie von Land überwältigend ist. Sie sind Ergebnisse der letzten Eiszeit, da Gletscherzungen Trogtalungen ausformten, die sich dann in der Nacheiszeit mit Wasser füllten. Bis zu zweihundert Kilometer erstrecken sie sich ins Landesinnere, sind mancherorts über tausend Meter tief, und an ihren Rändern steigen Felswände mehrere hundert Meter auf. Die Fjorde, deren eindrucksvollste sich alle in Vestlandet befinden, sind im Landesinneren tiefer als im Küstenbereich, da dort der Eisdruck höher war. Faszinierend ist die Aussicht vom Bergplateau Prekestolen auf das sechshundert Meter tiefer liegende Fjordtal des *Lysefjord*. Der mit Abstand größte Fjord ist der *Sognefjord* in Westnorwegen: Mit seinen mehr als zwölfhundert Meter Tiefe und zweihundert Kilometer Länge erstreckt er sich nördlich von Bergen (siehe Seite 162) bis hin zum Hochland von Jotunheimen (siehe Seite 161, *Berge*).

Göteborg (Schweden) Schwedens zweitgrößte Stadt wird maßgeblich von ihrer Industrie und dem Fähr- und Handelshafen geprägt. Aufgrund außenpolitischer Konflikte zwischen Dänemark und Schweden und wegen großer Brände wurde die Stadt immer wieder verlegt. An ihrem jetzigen Standort erhielt Göteborg erst 1621 seine Privilegien. Die wirtschaftliche Expansion begann im 19. Jahrhundert, einer Zeit, in der viele Werften und Industrieanlagen ausgebaut wurden. Parallel zu dieser Entwicklung entstanden neue Stadtteile in Göteborg und der näheren Umgebung, in denen Arbeiter- und Mittelstandswohnungen geschaffen wurden. Diese Stadtteilplanungen sind Muster städtebaulicher Vorstellungen in Schweden. Beispiele sind Eigenheimgebiete für Arbeiterfamilien wie *Landala* im Westen, begonnen 1908, oder *Hisingen*, wo seit 1950 mehrere Siedlungen mit unterschiedlichem Charakter, teils kleinere Häuserzeilen, teils typische Hochhausgettos, entstanden.

Gotland (Schweden) Keine andere Landschaft des Nordens bietet so viele imposante, gut erhaltene Landkirchen (siehe Seite 161, *Architektur*) wie Gotland. In fast jedem Ort findet sich ein großes und üppig ausgestattetes Gotteshaus. Diese Kirchen zeugen vom bäuerlichen Reichtum seit dem 12. Jahrhundert.

Die Hauptstadt *Visby* ist ein einmaliges Ensemble mittelalterlichen Städtebaus. Auch hier dominieren die Kirchen – doch im Gegensatz zu den Landkirchen sind fast alle zu Ruinen verfallen. Nur die Domkirche St. Marien ist vollständig erhalten. Die Kirchenruinen passen sich wunderbar in das Ambiente der niedrigen Bebauung ein und korrespondieren mit der dreieinhalb Kilometer langen Stadtmauer, die die Kaufmannsstadt Visby vom Landesinneren vollständig abschirmt – gegen die konkurrierende Bauernschaft.

Gudbrandsdal (Norwegen) Das Gudbrandsdal ist ein Symbol Norwegens. Mit zwei-

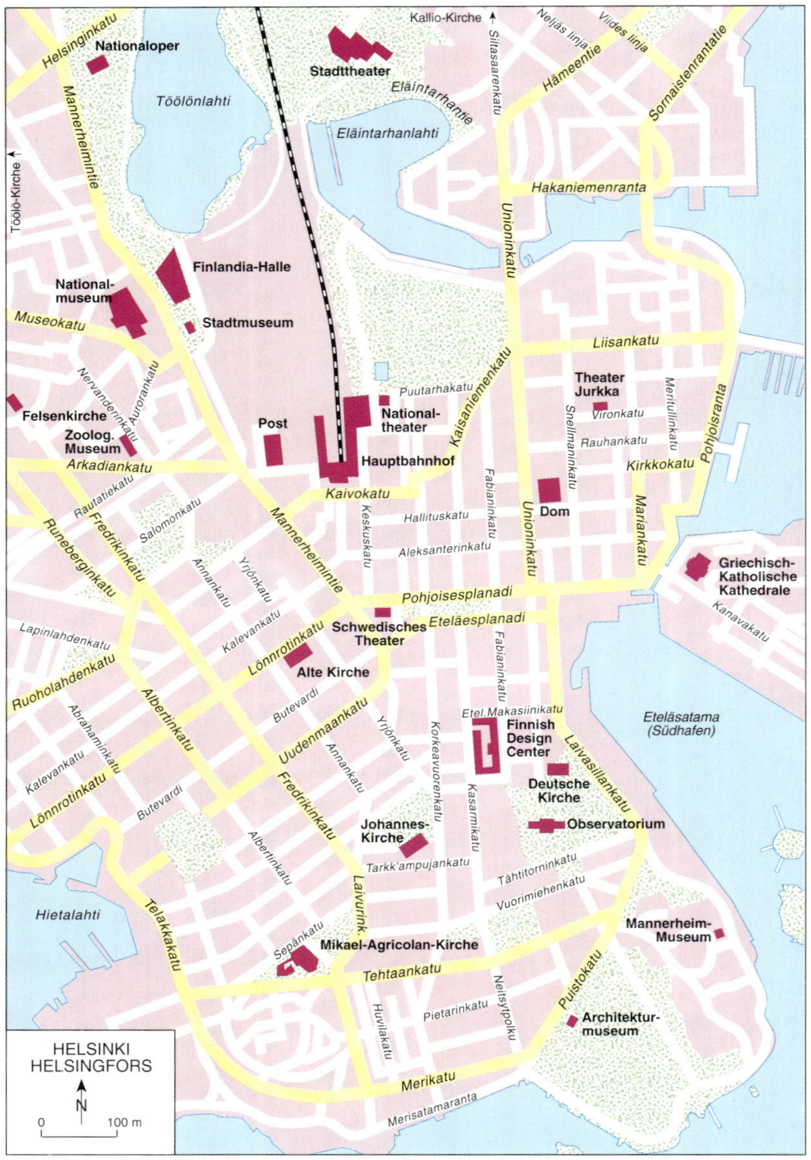

Der Marktplatz von Helsinki liegt direkt am Südhafen, an dem die Fähren aus Schweden anlanden.

Oben: Blick nach Norden. Vor dem Stadthaus (Rathaus) bieten täglich Händler ihre Waren feil.

Unten: Blick nach Nordwesten. Im Vordergrund der Obelisk, im Hintergrund links die orthodoxe Uspenski-Kathedrale.

hundert Kilometern ist es das längste Tal und verläuft zwischen den Gebirgszügen Jotunheimen, Dovrefjell und Rondane nördlich von Oslo in Richtung Westküste. Bereits im frühen Mittelalter diente es als wichtiger Verkehrsweg durch das unwegsame Norwegen. Die bedeutendste Stadt am Südende ist *Lillehammer*, kleinere Dörfer, manchmal noch mit erhaltenen oder restaurierten Stabkirchen (siehe Seite 161, *Architektur*), finden sich entlang des Flusses Lågen. Auch für die Landwirtschaft ist das Tal von großer Bedeutung. Das Klima ist vergleichsweise mild und im Sommer oft so trokken, daß künstlich bewässert werden muß.

Helsinki/Helsingfors (Finnland) Helsinki, gegründet 1550, wurde erst 1812 als Nachfolgerin von Turku (siehe Seite 175) Hauptstadt, nachdem Finnland autonomes russisches Großfürstentum geworden war. 1828 wurde auch die Universität von Turku nach Helsinki verlegt. Die Industrie-, Hafen- und Verwaltungsstadt liegt auf einer Halbinsel im Finnischen Meerbusen und zeichnet sich durch ein bemerkenswert geschlossenes Stadtbild aus. Nach einem Großbrand erhielt der deutschstämmige Architekt Carl Ludwig Engel 1816 den Auftrag, die Stadt neu zu planen. Zahlreiche öffentliche Bauten gehen auf seine Entwürfe zurück. Am eindrucksvollsten ist das Empireensemble am *Senatsplatz*, an dem sich Staat (Regierungspalais), Wissenschaft (Universität und Universitätsbibliothek), Kirche (Nikolaikirche) und Bürgertum (in Form stattlicher Wohnhäuser) gegenüberstehen.

Das moderne Gesicht Helsinkis wurde von dem international bekannten Architekten Alvar Aalto (siehe Seite 161, *Architektur*) mitgeprägt, der unter anderem das Konzert- und Kongreßgebäude *Finlandia* entwarf.

Jelling (Dänemark) Jelling, heute eine unbedeutende Kleinstadt im Osten Jyllands in der Nähe von Vejle, ist wegen der beiden Runensteine und Königsgrabhügel eine der kulturgeschichtlich wertvollsten Orte Dänemarks. Der größere Runenstein trägt die dänische ‹Taufurkunde›, die Harald Blauzahn (etwa

940–986) als denjenigen ausweist, unter dem in Dänemark um 960 das Christentum eingeführt wurde.

Kalmar (Schweden) Kalmar wurde als schwedisches Handelszentrum im 11. Jahrhundert angelegt, seit dem 12. Jahrhundert diente der Ort als Seefestung gegen Dänemark. Das imposante siebentürmige Schloß mit seinen Mauern und Wallanlagen zeugt von dieser Aufgabe. Beachtenswert neben dem Schloß ist das für Schweden einmalige intakte Stadtbild aus der Zeit vor der Industrialisierung.

København (Dänemark) Kopenhagen liegt am Meer und ist von zahlreichen Kanälen und natürlichen Gewässern durchzogen. Dank seiner strategisch günstigen Lage gegenüber von Schweden am Öresund konnte es sich zur Hauptstadt Dänemarks entwickeln und Roskilde (siehe Seite 171) als Residenzstadt im 16. Jahrhundert ablösen. Von der schnellen Entwicklung der Stadt und dem angehäuften Reichtum der Kaufleute zeugen die stattlichen Bürgerhäuser in der Innenstadt. Die absolutistischen Könige bauten Kopenhagen gezielt aus. Die Residenz wurde mit Repräsentativbauten versehen, deren bedeutendste, noch erhaltene im 19. und 20. Jahrhundert entstanden. Prächtigstes Beispiel ist Schloß *Christiansborg* auf der Schloßinsel. Sein heutiges Äußeres erhielt es als dritter Schloßbau am selben Ort erst zwischen 1907 und 1928.

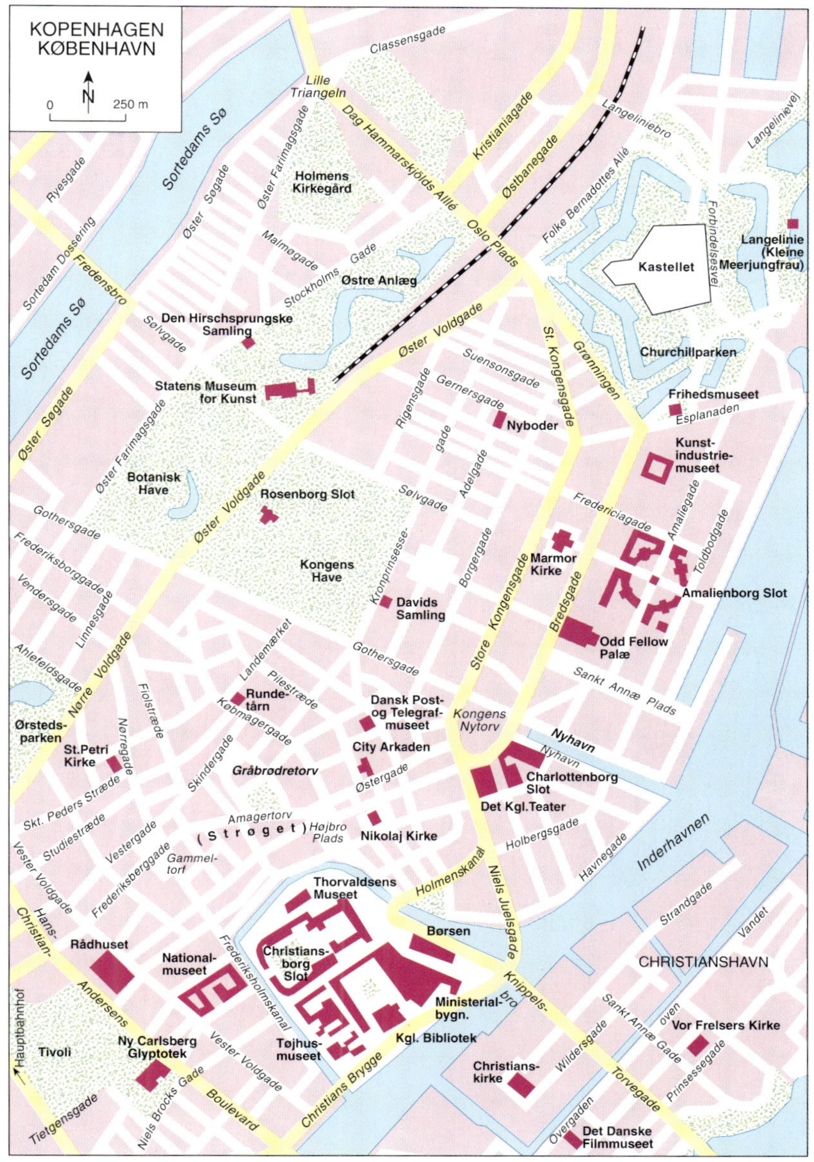

Als 1479 in Kopenhagen die Universität gegründet wurde, hatte es etwa 10 000 Einwohner – heute ist der Großraum Kopenhagen eine Millionenstadt und das am dichtesten besiedelte Gebiet in Nordeuropa. Hier entstanden wichtige Werften und Industriebetriebe. Ein großer Teil des mitteleuropäischen Transits nach Schweden, Norwegen oder Finnland führt über Kopenhagen. Konkurrenz gibt es nördlich der Metropole mit dem Fährhafen Helsingør, von wo aus der kürzeste Weg über den Öresund nach Schweden führt. Der Flughafen *Kastrup* ist die geschäftigste Drehscheibe des Luftverkehrs in Nordeuropa.

Kopenhagen siehe **København**

Oben: Der Nyhavn im Zentrum von Kopenhagen. Auf der Nordseite des Kanals, Hausnummer 67, wohnte fast zwanzig Jahre lang der Märchendichter Hans Christian Andersen.

Unten: Wahrzeichen der schwedischen Küstenstadt Kalmar ist das Schloß, erbaut im 13. Jahrhundert, umgebaut von den ersten Vasa-Königen im Renaissance-Stil. Hier wurde 1397 die Kalmarer Union von Schweden, Norwegen und Dänemark besiegelt.

Links: Bei Rovaniemi, Finnisch-Lappland. Wer beispielsweise hier vom Einbruch der Nacht überrascht wird, kann das aus dem Mittelalter stammende Jedermannsrecht in Anspruch nehmen und sein Zelt aufschlagen, wenn er den Besitzer der Wiese nicht stört und Schäden vermeidet.

Lappland (Finnland, Norwegen, Schweden) Lappland ist die Bezeichnung einer Landschaft, die sich von dem dort lebenden Volksstamm der *Samen*, die früher *Lappen* genannt wurden, ableitet. Auf einer Fläche von etwas über 250 000 Quadratkilometern in Norwegen, Schweden, Finnland und Rußland leben weniger als eine halbe Million Menschen, von denen ungefähr zehn Prozent Samen sind. Das ökologische Gleichgewicht leidet hier im Norden unter den Auswirkungen der Zivilisation, Umweltverschmutzungen durch Industrie und zunehmender Tourismus belasten die Wald- beziehungsweise Tundrengebiete.

Lofoten (Norwegen) Vor der Nordküste Norwegens liegt eine Gruppe von vier großen, vielen kleineren Inseln und unzähligen unbewohnten Schären. Mit Höhen bis über tausend Meter bilden die Lofoten eine Fortsetzung des norwegischen Hochgebirges. Die Bewohner der unwirtlichen und kargen Vulkan- und Granitlandschaft erwirtschaften sich ihren Unterhalt fast ausschließlich durch Fischfang und -verarbeitung.

Lund (Schweden) Der südschwedische Ort ist eine der ältesten Städte in Schweden. Er wurde um 1020 gegründet, diente ab 1060 als Bischofssitz und wurde als damals größte Stadt Skandinaviens 1103/04 zum dänischen Erzbistum ernannt. Fast zwanzig mittelalterliche Kirchen zeugen von Wohlstand und Bedeutung dieser ehemaligen dänischen Metropole. Als Lund zusammen mit Skåne 1658 schwedisch wurde, war es inzwischen eine verarmte und unbedeutende Stadt geworden, die erst durch die Gründung einer Universität 1666 wieder an Attraktivität gewann.

Malmö (Schweden) Im Mittelalter war das damals noch dänische Malmö bereits ein wichtiges Zentrum des Warenumschlags. Den großen Aufschwung zur Handels- und Industriemetropole erlebte die Stadt am Öresund im 18. und 19. Jahrhundert, als sich Werften und andere Schwerindustrie ansiedelten. Heute ist Malmö die drittgrößte Stadt Schwedens.

Mitternachtssonne Besondere Reize Nordeuropas sind die langen, hellen Sommernächte und die lange Winternacht. Am Polarkreis geht die Sonne nur in der Mittsommernacht nicht unter. Je weiter man nach Norden vordringt, um so länger ist es hell. In Spitzbergen (siehe Seite 172) etwa ist es vier Monate lang Tag – dementsprechend lang müssen die Menschen hier allerdings im Winter auch ohne Sonnenlicht auskommen. Der Tag der Sommersonnenwende, der 22. Juni, ist deswegen in allen nordeuropäischen Ländern ein großer Fest- und Feiertag, an dem man kaum einen Skandinavier bei der Arbeit oder zu Hause antreffen wird. Den ganzen Tag – und die helle Nacht – verbringt man bei Wein und Schnaps mit Gesang und Tanz möglichst im Freien, an einem See, der Küste oder einem Flußufer.

Nationalparks In *Dänemark* sind einige Landschaften geschützt; ausgewiesene Nationalparks, von denen die übrigen nordeuropäischen Länder jeweils etwa zwei Dutzend besitzen, gibt es dort jedoch nicht.

Der östliche Teil des *Finnischen Meerbusens* steht mit seinen Inseln, Klippen und Strandflächen unter Naturschutz. Dieser Nationalpark an der Küste *Finnlands* bietet unterschiedlichen Vogelarten Nistmöglichkeiten und Nahrungsplätze. Braunbären haben ihr Refugium im *Oulanka-Nationalpark* im Nordosten des Landes gefunden, allerdings verlieren sich die wenigen Exemplare auf den 200 Quadratkilometern. Ein junger und mit 2550 Quadratkilometern der größte Nationalpark ist der zu Ehren des ehemaligen Staatspräsidenten 1982 eingerichtete *Urho-Kekkonen-Nationalpark*. Südlich der Stadt Ivalo erstreckt er sich bis zur russischen Grenze. Er bietet ein herrliches Wandergelände in der Fjällregion von Saariselkä.

Hardangervidda heißt die mit über 7500 Quadratkilometern ausgedehnteste Hochfläche (1000 bis 1700 Meter) Skandinaviens. Sie liegt in *Norwegen* und fast die Hälfte wird als Nationalpark geschützt. Die karge Landschaft ist mit zahlreichen Seen und kleineren Flüssen durchsetzt, die sehr fischreich sind. Wasserfälle

Mitte: Der britische Seefahrer Richard Chancellor gab dem vermeintlich nördlichsten Punkt Europas auf der norwegischen Insel Magerøya den Namen Nordkap, als er 1553 bei dem gescheiterten Versuch, die Nordostpassage nach China zu finden, hier landete.

Rechts: Unbändige Naturgewalten – der Feigumfoss in Norwegen.

In seiner «Erzählung von dem Leben der Lappen» (1910) berichtet Johan Turi, wie sich aus der Beobachtung der Vögel der Schneefall vorhersagen läßt: «Das Schneehuhn ist zauberkundig. Wenn das Schneehuhn in der Abenddämmerung gackert, dann kommt Schneetreiben; wenn das Schneehuhn gluckst, dann kommt nur Schnee, kein Wind. [. . .] Wenn viele Schneesperlinge in die Nähe der Menschen kommen, dann kommt ein großer Schneefall [. . .]».

Schneelandschaften im hohen Norden. Links oben: Bei der schwedischen Stadt Sollefteå. – Links Mitte: Im Winter führen viele Loipen durch die nordnorwegische Provinz Finnmark. – Links unten: Schlittenhundegespann beim norwegischen Kautokeino. – Mitte oben: Bei der norwegischen Stadt Alta. – Mitte unten links und rechts: Die finnischen Ålandinseln im Winterschlaf. – Rechts oben: Fischkutter in Finnland. – Rechts unten: Beim norwegischen Andorpen.

Oben: Blick auf Oslo von einem der beiden Rathaustürme. Links das Hafenbekken Pipervika und die E 18, die von Oslo nach Westen führt, in der Mitte das Kultur- und Einkaufszentrum Aker Brygge, im Hintergrund die Insel Bygdøy mit Kon-Tiki-, Fram- und Seefahrtsmuseum, rechts der Westbahnhof.

bieten ein faszinierendes Naturschauspiel. Am eindrucksvollsten zeigt sich Vøringsfossen, der 183 Meter in einen Kessel hinabstürzt. Herden wilder Rentiere kann man durch die baumlose, nur mit Zwergsträuchern und Heide bewachsene, einem rauhen Klima ausgesetzten Ebenen und Täler ziehen sehen. Den nördlichsten Kiefernwald der Welt findet man im *Stabbursdalen-Nationalpark* in der Finnmark. Ein bis auf den heutigen Tag von Menschenhand fast unberührter Urwald wird im nur neun Quadratkilometer großen *Ormtjernkampen-Nationalpark* im zentralnorwegischen Oppland geschützt.

Schwedens bekanntester Nationalpark ist zweifellos der *Sarek* in Lappland (siehe Seite 166), der zu den ältesten in Europa gehört (gegründet 1909). In diesem Hochgebirgsareal mit fast 2000 Quadratkilometern regnet es so viel (bis 2000 Millimeter pro Jahr), daß sich die vielen Flüsse manchmal in schwer passierbare Ströme verwandeln. Über dreihundert, teils seltene Pflanzenarten und eine große Menge verschiedener Vögel (vor allem Enten- und Watvögel) sowie die herrlichen Aussichten von Gipfeln und Bergplateaus machen diesen Park attraktiv. In diesem Zusammenhang muß auf jeden Fall *Kungsleden*, der Königsweg, erwähnt werden. Dieser 380 Kilometer lange Wanderweg durchquert Lappland zwischen Abisko und Ammarnäs von Norden nach Süden und führt dabei auch durch andere lappländische Nationalparks wie *Stora Sjöfallet*. Dieser wurde 1909 mit einer Fläche von fast 1400 Quadratkilometern eingerichtet und sollte Stora Luleälvens Quellseen sowie den großen Wasserfall Stora Sjöfallet sichern. Heute ist das geschützte Areal 120 Quadratkilometer kleiner, da hier Schwedens zweitgrößter Staudamm (Akkajaure) gebaut wurde und die Kernzone des Parks unter Wasser versank.

Nidaros siehe **Trondheim**

Nordkapp (Norwegen) Das Nordkap, 2000 Kilometer entfernt von Oslo, ist als der vermeintlich nördlichste Punkt Europas vor allem ein Touristenziel (tatsächlich liegt ein anderer Vorsprung der Insel Magerøy 1,5 Kilometer weiter im Norden). Der nackte Schieferfelsen mit seinem steilen Kliff ist zwar beeindruckend, liegt aber, aufgrund der hohen Feuchtigkeit, oft im Nebel.

Nordlicht Mit etwas Glück kann nördlich des Polarkreises (siehe Seite 171) bei 65 bis 75 Grad nördlicher Breite im Winter alle zwei bis drei Tage das Nordlicht beobachtet werden. Elektrische Korpuskularstrahlungen der Sonne werden vom Erdmagnetfeld abgelenkt und reagieren mit der Erdatmosphäre in hundert bis tausend Kilometer Höhe, wodurch farben-

prächtige Muster an den Himmel gezeichnet werden. Intensität, Farbe und Form wechseln dabei ständig. In Tromsø (siehe Seite 174) wurde ein Nordlichtplanetarium erbaut, in dem dieses Phänomen künstlich erzeugt wird.

Odense (Dänemark) Die drittgrößte Stadt in Dänemark ist das Zentrum der Insel Fyn. Erstmals 988 urkundlich erwähnt, ist die Stadt eine der ältesten in Dänemark. Schon zu Beginn des 11. Jahrhunderts wurde sie Bischofssitz und Wallfahrtsort. Außer zum geistlichen entwickelte Odense sich auch zum wirtschaftlichen Mittelpunkt, da es an dem wichtigen

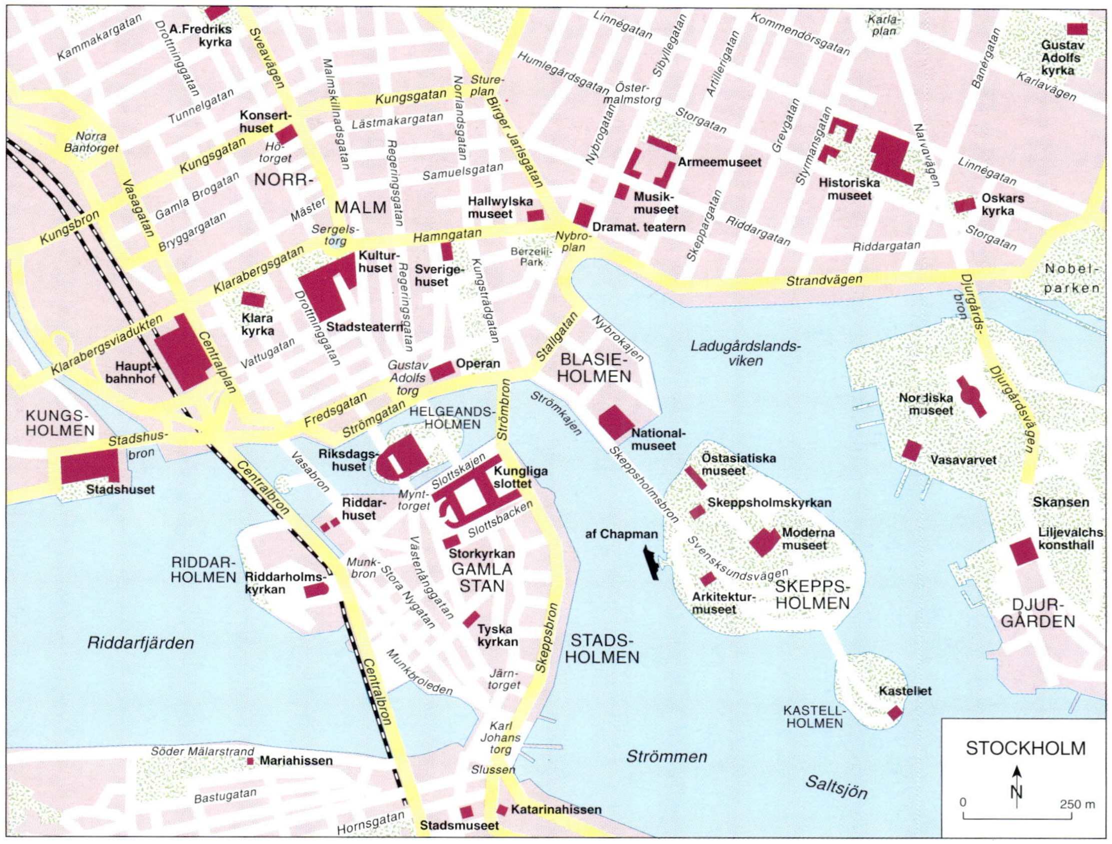

Unten: Stockholm. Blick vom Stadshus auf die Inseln Riddarholmen (im Vordergrund) und Gamla Stan (links dahinter).

Landweg zwischen Jylland und Kopenhagen (siehe Seite 165) liegt. Die geographische Lage fördert noch heute den Wohlstand der Großstadt und bedingt, daß Verwaltungsbehörden hier ihren Sitz haben und man 1966 eine Universität erhielt.

Örebro (Schweden) In Mittelschweden, auf dem Weg zwischen Stockholm (siehe Seite 172) und Göteborg (siehe Seite 163), liegt Örebro. Es ist seit alters ein wichtiger Handelsknotenpunkt zwischen Süden und Norden. Eine Burg diente der Verteidigung und der Repräsentation königlicher Macht. Die etwas später errichtete dreischiffige Nikolaikirche zeugt ebenfalls von der Bedeutung dieses Ortes, der 1265 das Stadtrecht erhielt. Da zahlreiche Brände das Zentrum immer wieder vernichteten, mußte die Stadt im 19. und 20. Jahrhundert nach neuen Plänen wiederaufgebaut werden. Eindrücke von der Bebauung der Stadt im 16. Jahrhundert bieten jetzt nur noch die Häuser im Freilichtmuseum *Wadköping*.

Oslo (Norwegen) Norwegens Hauptstadt liegt am Ausgang des breit ausladenden Oslofjords, geschmiegt an Berghänge und verstreut auf mehreren Inseln. Die Stadt hat eine lange Tradition: 1299 löste sie Bergen (siehe Seite 162) als Residenzstadt der norwegischen Könige ab. Unter dänischer Herrschaft ab 1380 konnte sich Oslo nur wenig entwickeln. Erst nach 1814, dem Beginn der Personalunion mit Schweden, und mit der wenig später einsetzenden Industrialisierung begann der Aufschwung zur Metropole. Holz-, Metall- und Textilindustrien siedelten sich in oder bei Oslo an, der Hafen entwickelte sich zum Umschlagplatz für Güter und Passagiere. Mit Norwegens Unabhängigkeit von Schweden 1905 wurde Oslo wieder Haupt- und Residenzstadt einer souveränen norwegischen Monarchie. Das kulturelle und traditionelle Norwegen läßt sich auf der Museumsinsel *Bygdøy* bewundern. Die beeindruckendsten Exponate dort sind sicherlich die zur Grablegung benutzten Wikingerschiffe von Gokstad und Oseberg.

Heute ist Oslo ein modernes Verwaltungs- und Universitätszentrum. Das Stadtbild hat im Lauf der Zeit durch ständige Um- und Erweiterungsbauten seinen eher provinziellen Charme verloren und wirkt heute sehr uneinheitlich. Eines hat Oslo anderen Großstädten voraus: Die Einfahrt für Motorfahrzeuge in die Stadt ist nur gegen Eintrittsgebühr (Maut) möglich!

Polarkreis Der Polarkreis ist eine gedachte Linie auf dem Globus, der in Nordeuropa durch Norwegen, Schweden und Finnland (sowie Island) auf 66,5 Grad nördlicher Breite verläuft. Man würde sein Überschreiten nur am 22. Juni bemerken, da an diesem Tag die Sonne am Polarkreis nicht untergeht (siehe Seite 167, *Mitternachtssonne*). Reisende in Nordeuropa werden jedoch kaum Gefahr laufen, den Polarkreis zu übersehen: *Polsirkelen* in Norwegen nördlich von Mo i Rana, *Polcirkeln* in Schweden östlich von Jokkmokk und *Napapiiri* in Finnland bei Rovaniemi (siehe Seite 172) werden durch zahlreiche Schilder und Souvenirläden deutlich markiert.

Roskilde (Dänemark) Die alte Bischofs- und junge Universitätsstadt auf Sjælland steht heute im Schatten von Kopenhagen (siehe Seite 165). Der Roskildefjord reicht weit in das

Landesinnere hinein und bietet einen idealen Hafen, den bereits die Wikinger zu nutzen wußten. 1957 wurden im Fjord fünf als Seesperren versenkte Wikingerschiffe entdeckt, die seit 1966 in einer prachtvollen Ausstellungshalle zu besichtigen sind. Von der Bedeutung Roskildes auch in den folgenden Jahrhunderten zeugt der Dom. Fast alle dänischen Könige haben in dieser Kathedrale aus dem 12. Jahrhundert ihre Grabstätte gefunden.

Rovaniemi (Finnland) Die Provinzhauptstadt von Finnisch-Lappland wurde im Zweiten Weltkrieg von sich zurückziehenden deutschen Truppen fast vollständig dem Erdboden gleichgemacht und nach Kriegsende auf der Grundlage eines einheitlichen Stadtplans mit bedeutenden Bauten Alvar Aaltos (siehe Seite 161, *Architektur*) wiedererrichtet. Genau nördlich der Stadt liegt der Polarkreis (siehe Seite 171), der maßgeblich für den lebhaften touristischen Durchgangsverkehr verantwortlich ist.

Im arktischen Klima von Spitzbergen fühlen sich vor allem Robben und Eisbären wohl. Touristen machen hier meist nur einen Tagesbesuch mit dem Linien- oder dem Kreuzfahrtschiff.

Seen *Finnland* ist berühmt wegen seines Seenlabyrinths, das als ein Verbundsystem von fast 200000 größeren und kleinsten Seen, Flüssen und Bächen ein Relikt der Eiszeit ist. Alle Seen liegen etwa siebzig bis neunzig Meter über dem Meeresspiegel. Es ist in diesem Durcheinander kaum möglich festzustellen, wo ein See beginnt, ein Fluß entspringt oder aus dem Sumpf ein Bach wird. Dem *Saimaa*, dem fünftgrößten See in Europa, sieht man seine Ausdehnung vom Ufer aus zunächst nicht an. Er ist ein tief eingebuchtetes, langgestrecktes Wasserband, das einem Fluß ähnelt. Der größte See in Nordfinnland, der *Inarijärvi*, eingebettet in ein Hochland an der Grenze zur Kola-Halbinsel und doppelt so groß wie der Bodensee, ähnelt schon eher kontinentaleuropäischen Seen. Typisch für ihn sind die etwa 3000 Inseln.

An den Ufern der großen Seen *Schwedens* bildeten sich früh kulturelle, politische und wirtschaftliche Mittelpunkte. Herz Schwedens ist *Mälaren* in Svealand. Dieser langgestreckte See, der zur Ostsee entwässert, beheimatet fast alle früheren und heutigen schwedischen Machtzentren. Birka, Sigtuna, Strängnäs, Uppsala (siehe Seite 175) und Stockholm (siehe rechte Spalte) liegen in oder am Mälarsee. Der größte schwedische See aber ist *Vänern*. Nordöstlich von Göteborg (siehe Seite 163) gelegen, erstreckt er sich auf einer Fläche von über 5500 Quadratkilometern. Ein wenig abseits, östlich des Sees, liegt mit Skara ein mittelalterlicher Bischofssitz, von dem aus die Missionierung Schwedens organisiert wurde. Skandinaviens bekanntester Kanal, der 560 Kilometer lange und mit 58 Schleusen ausgestattete *Göta-Kanal*, verbindet den Vänersee mit dem östlich gelegenen *Vättern*, dem zweitgrößten See des Landes. Auffallend ist seine Form, 130 Kilometer dehnt er sich von Jönköping im Süden bis Askersund im Norden aus, seine größte Breite beträgt dagegen nur 30 Kilometer. Die beeindruckendste Stadt am Ufer heißt Vadstena, und war bis in die frühe Neuzeit ein wichtiges politisches und geistliches Zentrum. Davon zeugt das unter Gustav I. Vasa im 16. Jahrhundert begonnene Renaissanceschloß und das für die schwedische Kirchengeschichte wichtige Kloster der Heiligen Birgitta, das sechs Jahre nach ihrem Tod 1379 vollendet wurde.

In *Norwegen* spielen Flüsse und Seen, verglichen mit den Fjorden und den Hochebenen, als Landschaftselemente eine geringere Rolle. Der *Mjøsa* ist der größte norwegische See. Mit einer Fläche von 360 Quadratkilometern erstreckt er sich von Eidsvoll, der Wiege der norwegischen Verfassung von 1814, bis Lillehammer. Der älteste Schaufelraddampfer der Welt verkehrt auf den 70 Kilometern zwischen diesen beiden Städten. An den Ufern liegen Güter wohlhabender Bauern, aber auch Industrieorte oder Verwaltungszentren wie Hamar, das in katholischer Zeit Bischofssitz war.

Spitzbergen siehe **Svalbard**

Stockholm (Schweden) Das «Venedig des Nordens» beeindruckt durch seine Lage auf mehr als 20000 Inseln. Am Ausgang des Mälarsees (siehe *Seen*) zur Ostsee liegt Stockholm geschützt hinter einem Labyrinth von Schären und Eilanden. 1252 erhielt Stockholm die Stadtrechte. Längst ist die Altstadt *Gamla Stan* für die Einwohner Stockholms zu klein geworden und man mußte die Siedlungen auf benachbarte Inseln sowie auf die Ufer des Mälarsees ausdehnen. Die einzelnen Stadtbezirke haben dabei ihren je spezifischen Charakter erhalten und ihn bis heute gepflegt. Gamla Stan mit seinen engen Gassen wird dominiert vom *Königlichen Schloß*. Auf Riddarholmen, gleich westlich, finden sich Bauten der schwedischen Ritterschaft. Die Insel Skeppsholmen beherbergt Museen für ostasiatische und moderne Kunst, Djurgården das Freilichtmuseum *Skansen* sowie das *Nationalmuseum* und *Vasavarvet* (Vasawerft). In letzterer ist das 1628 auf seiner Jungfernfahrt gekenterte und 1961 im Stockholmer Hafen gehobene Regalschiff Vasa zu bewundern. Das neue Museum ist eine architektonische und museumspädagogische Meisterleistung.

Svalbard (Norwegen) Etwa 700 Kilometer nördlich des Nordkaps (siehe Seite 170) und nur etwa 1000 Kilometer südlich des Nordpols liegen norwegische Besitzungen im arktischen Bereich, die unter dem Namen Svalbard zusammengefaßt werden. Hierzu gehören neben der Inselgruppe *Spitzbergen* noch einige kleinere Inseln. Insgesamt umfaßt dieses Gebiet etwa 62000 Quadratkilometer. Wirt-

Skandinavisches Design besticht durch seine einfachen und klaren Formen. Von großem Einfluß für Architektur und Formgebung waren die Arbeiten des Finnen Alvar Aalto (1898–1975), der modernen Funktionalismus mit traditionellen Techniken verband und bevorzugt einheimische Materialien verwendete.

Links oben: Das Glasservice «Oktav» mit blauer Karaffe «Oktav» von dem Schweden Bertil Vallien (geboren 1938).

Links Mitte: Teewagen aus laminiertem Birkenholz (1936/37) von Alvar Aalto.

Links unten: Bengt Edenfalk (geboren 1924) entwarf die Vase «Clair de lune».

Rechts oben: Dem grazilen Stuhl «Frame» gab Björn Alge 1982 die Form.

Rechts unten: «Sinivalko» heißt das 1936 gestaltete Porzellanservice von Kurt Ekholm.

Links und unten rechts: Die Kirche des finnischen Ortes Kerimäki ist die größte Holzkirche der Welt: 45 Meter lang und 42 Meter breit. Der Innenraum bietet 3500 Menschen Platz.

Oben rechts: Die nordnorwegische Hafenstadt Tromsø war und ist Ausgangspunkt für Expeditionen in die Arktis.

schaftlich interessant sind die zahlreichen Kohlenflöze auf Spitzbergen, die seit dem 17. Jahrhundert bekannt sind. Die klimatischen Bedingungen (Julitemperatur bei knapp sechs Grad Celsius, im Winter sinkt das Thermometer bis auf minus fünfzig Grad Celsius ab) lassen das Leben dort zur Qual werden.

Tampere (Tammerfors, Finnland) Entscheidend für die rasche Entwicklung der zweitgrößten Stadt Finnlands war die Lage im zentralfinnischen Seengebiet. Weil es gelang, mit der Stromschnelle Tammerkoski, die auf 945 Meter Länge die Seen Näsijärvi und Pyhäjärvi mit einem Gefälle von 18 Metern verbindet, Energie zu erzeugen, siedelten sich rasch Industrien an. Tampere, erst 1779 gegründet, wurde zum Herz der Arbeiterbewegung.

Noch heute ist Tampere Finnlands wichtigste Industriestadt (Leder, Textilien, Metall- und Papierverarbeitung), aber zugleich ein angesehener Hochschulstandort mit Universität, Technischer Universität und weiteren Bildungseinrichtungen.

Tromsø (Norwegen) Tromsø liegt auf einer Insel im Tromsøysund, die durch eine ein Kilometer lange Brücke mit dem Festland verbunden ist. Sie ist mit ihren 47 000 Einwohnern die bevölkerungsreichste Stadt Nordnorwegens und seit 1972 Standort der nördlichsten Universität der Welt. Ein Beispiel moderner Kirchenarchitektur und Wahrzeichen von Tromsø ist die *Tromsdalenkirche*, auch *Eismeerkathedrale* genannt, von 1965.

Trondheim (Norwegen) Die Landschaft um den Trondheimfjord gilt als Wiege Norwegens, als das historische und kulturelle Zentrum, in dem die norwegischen Könige gewählt wurden. Olav Tryggvason (etwa 995 bis 1000) ließ hier 997 seinen Königshof und eine Kirche erbauen; ihm ist ein weithin sichtbares Standbild auf dem Marktplatz gewidmet. Unter Olav Haraldsson dem Heiligen (1015–1030) erhielt die Stadt den Namen Nidaros, unter dem sie bis ins 16. Jahrhundert bekannt blieb. Nach der Beisetzung Olavs des Heiligen im Dom wurde die Kathedrale zum Wallfahrtsort.

Links oben: Der Hafen der norwegischen Stadt Trondheim.

Links unten: In der Markthalle von Turku, Finnland.

Rechts: Der Nidarosdom in Trondheim zählt zu den bedeutenden Sakralbauten Skandinaviens. Hier das Hauptportal.

Die Hauptstadtfunktion verlor Trondheim, als Norwegen 1380 an die dänische Krone fiel, trotzdem blieb es ein kulturelles und wirtschaftliches Zentrum in Mittelnorwegen mit Universität, Kunstakademie und dem Sitz der »Wissenschaftsgesellschaft«. Heute ist es die drittgrößte norwegische Stadt.

Turku (Åbo, Finnland) Die jetzt viertgrößte Stadt Finnlands ist gleichzeitig die älteste. 1229 verlegte man den Bischofssitz hierhin. Damit begann der Aufstieg zur schwedisch-finnischen Metropole an der Südwestküste. 1640 wurde die schwedischsprachige Universität Academia Aboensis gegründet. Im russischen Großfürstentum verlor Turku nach 1809 seine Verwaltungsfunktion und mußte nach einem Stadtbrand auch die Alma mater an Helsinki (siehe Seite 164) abgeben. Heute ist Turku wieder ein bedeutendes Wirtschafts- und Kulturzentrum mit zwei Universitäten.

Uppsala (Schweden) *Gamla Uppsala* (Altuppsala), wenige Kilometer nördlich der modernen Universitätsstadt Uppsala, ist eine der ältesten Siedlungen in Schweden. Hier befand sich ein bedeutender Tempel, in dem den Germanengöttern geopfert wurde. Mit Beginn der Christianisierung wurde an dieser Stelle ein Dom gebaut. 1258 verlegte man das Erzbistum in das heutige Uppsala, da es günstigere Land- und Wasserverbindungen besaß.

Uppsala erhielt 1477 eine Universität und zählt damit zu den ältesten und traditionsreichsten Hochschulstädten in Nordeuropa. In der Universitätsbibliothek befindet sich die Silberbibel des Bischofs Ulfilas aus dem 6. Jahrhundert. Das Stadtbild wird von dem Backsteindom im Zentrum und dem *Königlichen Schloß* auf Slottsbakken geprägt. Der *Dom* wurde 1435 geweiht und im Lauf der Jahrhunderte häufiger umgebaut. Imposant ist seine Größe: Mit 118 Meter Länge übertrifft er den Nidarosdom in Trondheim (siehe Seite 174) um fast 20 Meter. Das Schloß wurde erst nach Einführung der Reformation in Schweden 1548 auf einer Anhöhe erbaut, von der die Schloßkanonen drohend auf den Dom herabblicken.

DER NORDEN
0
100 km
N
SVALBARD
80° n.Br.
GRÖNLAND
SPITZBERGEN
Europäisches Nordmeer
Polarkreis
SKANDINAVIEN
Reykjavik
ISLAND
FÄRÖER
70° n.Br.
BRIT. INSELN
Nordsee
Ostsee
Europäisches Nordmeer
Polarkreis
Barentssee
Weißes Meer
Nordkapp
Gamvik
VARANGER-HALBINSEL
Hammerfest
Tana
Vadsø
Vardø
Gandvik
Kirkenes
Petčenga (Petsamo)
Nikel
Murmansk
Alta
Lakselv
Utsjoki
Tromsø
Nordreisa
FINNMARK
1328 Haltiatunturi
Karasjok
Inarijärvi
Inari
Skibotn
Kautokeino
Ivalo
Olenegorsk
KOLA-HALBINSEL
VESTERÅLEN
LOFOTEN
Vestfjorden
Narvik
Enontekiö
Abisko
2123 Kebnekaise
Kiruna
Torneälven
Karesuando
Muonio
Kittilä
Lokka
Savukoski
Kirovsk
Kandalakša
Alakurtti
LAPPLAND
Stora Lulevatten
Sodankylä
Kolari
Bodø
Fauske
2089 Sarek-tjåkka
Malmberget
Gällivare
Pajala
Pello
Kelloselkä
Porjus
Kemijärvi
Rovaniemi
Louhi
Kesten'ga
Jokkmokk
Övertorneå
Kuusamo
Mo i Rana
Hornavan
Luleälven
Piteälven
Töre
Kemi
Tornio (Torneå)
Taivalkoski
Kalevala (Uchta)
Kem
1764 Norra Storfjället
Mosjøen
Ammarnäs
Arjeplog
Storavan
Arvidsjaur
Boden
Luleå
Iijoki
Kemijoki
Sorsele
Vindelälven
Skellefteälven
Piteå
Oulu (Uleåborg)
Belomorsk
HELGELAND
Storuman
Jörn
Skellefteå
Liminka
Kostamus
Nadvoicy
SCHWEDEN
Vilhelmina
Lycksele
Bottnischer Meerbusen
Oulujärvi
Kontiomäki
Reboly
Segeža
Namsos
Grong
NORRLAND
Umeå
Kokkola (Gamlakarleby)
FINNLAND
Nurmes
Lendery
Steinkjer
Levanger
Trondheimsfjorden
Strömsund
Suomenselkä
Iisalmi
KARELIEN
NORWEGEN
Trondheim
Storlien
Ramsele
Örnsköldsvik
Pietarsaari (Jakobstad)
Kivijärvi
Kuopio
Kallavesi
Molde
Ålesund
Åndalsnes
Støren
Sylarna 1762
Storsjön
Östersund
Sollefteå
Vaasa (Vasa)
Seinäjoki
Joensuu
Dovrefjell 2286
Røros
Bräcke
Kramfors
Äänekoski
Geiranger
Dombås
2183 Rondane
Tynset
Härnösand
Kaskinen (Kaskö)
Haapamaki
Jyväskylä
Savonlinna
Sortavala
Florø
Jostedalsbreen
Lågen
2469 Galdhøpiggen
Jotunheimen
Gudbrandsdal
Østerdal
Sundsvall
Ljusnan
Kristiinankaupunki (Kristinestad)
Parkano
Näsijärvi
Jämsä
Mikkeli
Sognefjorden
Österdalälven
Ljusdal
Tampere (Tammerfors)
Päijänne
Saimaa
Imatra
Ladožskoje Ozero (Ladogasee)
Lillehammer
Särna
Bollnäs
Pori (Björneborg)
Lappeenranta
Fagernes
Elverum
Toijala
Vyborg
Bergen
Gjøvik
Sälen
Siljan
Rauma
Hämeenlinna
Lahti
Kouvola
Sankt Petersburg
Mjøsa
Hamar
Mora
Hardangerfjorden
Geilo
Falun
Gävle
Loimaa
Riihimäki
Kotka
Volchov
Odda
Hardanger-vidda
Eidsvoll
Trysilelven
ÅLAND
Turku (Åbo)
Espoo (Esbo)
Helsinki (Helsingfors)
Finnischer Meerbusen
Kolpino
Haugesund
1883 Gausta
Drammen
Oslo
Ludvika
Dalälven
Avesta
Sala
Uppsala
Puškin
1605 Snonut
Kongsberg
Arvika
SVEALAND
Västerås
Sigtuna
Hanko (Hangö)
Narva
Stavanger
Tønsberg
Moss
Karlstad
Mälaren
Stockholm
Tallinn (Reval)
Tapa (Taps)
TELEMARK
Porsgrunn
Halden
Karlskoga
Örebro
Eskilstuna
Luga
Bygland
Vänern
ESTLAND
Novgorod
Egersund
Flekkefjord
Oslofjorden
Mellerud
Mariestad
Askersund
Nyköping
Oz. Il'men'
Kristiansand
Skagerrak
Uddevalla
Vadstena
Motala
Norrköping
Vänersborg
Vättern
Göta-Kanal
Tartu (Dorpat)
Peipsi järv
Volchov
Skagen
Göteborg
Jönköping
Linköping
Pskov (Pleskau)
Lovat'
Hirtshals
Borås
Huskvarna
Visby
Løkken
Frederikshavn
Västervik
GOTLAND
RUSSLAND
Hanstholm
Thisted
GÖTALAND
Värnamo
Varberg
Oskarshamn
Ålborg
LETTLAND
Kattegat
Bolmen
Växjö
Riga
Holstebro
Halmstad
Rēzekne
Viborg
Randers
Ljungby
Kalmar
Velikije Luki
Ringkøbing
JYLLAND
Daugava (Düna)
DÄNEMARK
Århus
Karlskrona
ÖLAND
Šiauliai (Schaulen)
Daugavpils (Dünaburg)
Helsingør
Helsingborg
Varde
Jelling
Panevėžys (Ponewiesch)
Esbjerg
Vejle
København
Kristianstad
Vitebsk
FYN
Roskilde
Lund
Ostsee
Klaipėda (Memel)
Kolding
SJÆLLAND
Malmö
Simrishamn
Nordsee
Haderslev
Odense
LITAUEN
Korsør
Ystad
Trelleborg
Nemunas (Memel)
WEISSRUSSLAND
Orša
Rønne
BORNHOLM
Kaunas (Kowno)
Flensburg
Kaliningrad (Königsberg)
Sovetsk (Tilsit)
Schleswig
Rødbyhavn
Vilnius (Wilna)
Gdynia (Gdingen)
Kiel
Puttgarden
RÜGEN
zu Rußland
Minsk
Stralsund
Lübeck
Rostock
Gdańsk (Danzig)
Elbląg (Elbing)
Bremerhaven
Schwerin
DEUTSCHLAND
Szczecin (Stettin)
Grodno
Groningen
Hamburg
POLEN

Register

Kursive Ziffern verweisen auf Abbildungen. Die skandinavischen Buchstaben å und æ bzw. ø sind wie a bzw. o geordnet.

PERSONENREGISTER

ORTS- UND SACHREGISTER

TEXTNACHWEIS

Carl Michael Bellman: Der Lieb zu gefallen. Eine Auswahl seiner Lieder zweisprachig, übersetzt von H. C. Arimann und Michael Kath. München: Heimeran Verlag 1976.

Robert Crottet: Verzauberte Wälder. Geschichten und Legenden aus Lappland. Wiesbaden/München: Limes Verlag Niedermayer und Schlüter GmbH 1983. © München: Nymphenburger Verlagshandlung GmbH 1976.

Knut Hamsun: Segen der Erde. München: Paul List Verlag KG 1951.

Aleksis Kivi: Die sieben Brüder. Zürich: Manesse Verlag 1950.

Ders.: Komm, laß uns gehn, in: Finnische Lyrik aus hundert Jahren, Hrsg. Horst Bienek. Hamburg: Merlin Verlag 1985.

Selma Lagerlöf: Nils Holgerssons schönste Abenteuer mit den Wildgänsen. Gesammelte Werke. Dritter Band. München: Nymphenburger Verlagshandlung GmbH 1980.

Christoph Meckel: Nachricht für Baratynski. München: Hanser Verlag 1981.

Augustin Freiherr zu Mörsberg und Beffort: Reise durch die Nordischen Länder im Jahre 1592. Neumünster: Karl Wachholtz Verlag 1980.

Ida Pfeiffer: Nordlandfahrt. Eine Reise nach Skandinavien und Island im Jahre 1845. Herausgegeben und Vorwort von Gabriele Habinger. Wien: Promedia Druck- und Verlagsgesellschaft m.b.H. 1991.

Johann Gottfried Seume: Mein Sommer 1805. Nördlingen: GRENO Verlagsgesellschaft m.b.H. 1987.

Villy Sørensen: Ragnarök. Als es den Göttern dämmerte. Düsseldorf: marion von schröder verlag gmbh 1984.

BILDNACHWEIS

Archiv für Kunst und Geschichte, Berlin: S. 17 u.l., 67 o.l., 84 u.r., 85 u.l. und u.r., 86 u.l., 106 (3), 106/107 o.M., 107 u.l., 108 o.l. und o.r., 109 l. und o.r., 110 o.l., o.M. und r., 111 o.l., 146 u.r.

Bildarchiv Preußischer Kulturbesitz, Berlin: S. 109 u., 110 u.l.

Bucher-Verlag, München: S. 86 o.l., 87 o.r. und u.r., 88 o.l., u.l. und u.r., 89 o.r.

Deutsches Institut für Filmkunde, Frankfurt/Main: S. 108 u.l.

James D. Forbes: Norway and its Glaciers. Visited in 1851, Edinburgh 1853: S. 84/85 o.M.

Gyldendalske Boghandel Nordisk Forlag, Kopenhagen: S. 17 o.

Historia Photo, Hamburg: S. 17 u.r.

Interfoto, München: S. 108 r.

Krauß, Ferdinand: Von der Ostsee bis zum Nordcap, Neutitschein, Wien und Leipzig 1888: S. 84 M.l.

L. Lloyd: Scandinavian Adventures During A. Residence of Upwards of Twenty Years, London 1854: S. 85 M.r.

August Moritz: Tagebuch der Reisen in Norwegen in den Jahren 1847 und 1851, Stettin 1853: S. 85 o.r.

National Museum of Finland, Helsinki: S. 88/89, 89 u.l. und u.r.

Nordis Picture Pool, Essen: S. 138/139, 142 (2), 172.

U. T. Sirelius: Suomen Kansanpukujen Historia: Helsinki 1916: S. 84 u.l.

Staatliche Landesbildstelle Hamburg: S. 86/87 M.

Wiestrand, P. G.: Svenska Folkdräkter, Stockholm 1907: S. 84 o.r. und o.M.

Taideteollisuusmuseo, Helsinki: S. 173 l.M. und u.r.

© Peo Eriksson, Stockholm: S. 173 o.r.

© Kosta Boda, Kosta: S. 173 o.l. und u.l.

© Munch Museum, Oslo 1993: S. 108 u.l.

© Skagen Museum, Skagen: S. 106/107 M.o., 107 u.r., 108 o.l.

Alle übrigen Abbildungen stammen von Fritz und Hauke Dressler.

Fritz Dressler: S. 2/3, 6/7, 8/9, 10/11, 14 u.l., 15 (2), 19, 20/21, 22, 23, 24/25, 26, 27, 28/29, 30, 32 r. und u.l., 33 o.r. und u.r., 34/35 (5), 36/37 (5), 39, 40/41, 42, 44/45, 46, 47, 48/49, 50, 51, 52/53, 54, 55, 58, 64 u.l., 65 o.r. und u.r., 67 u., 68 r., 69 o.r. und u.r., 91 (3), 93, 104, 128/129, 130, 131, 132/133, 134, 135, 136/137 (5), 140 (5), 144 u., 145 (2), 146 l., 149, 150/151, 152, 153, 154/155, 156, 157, 158/159, 160, 163 u.r., 164 (2), 165 (2), 166 l., 168/169 (8), 170/171 M.u., 174 l. und u.r., 175 u.l.

Hauke Dressler: Schutzumschlag, Vorsatz, S. 4/5, 12, 13, 14 o.l. und M., 16, 32 o.l., 33 r., 43, 56/57, 59, 60/61, 62, 64 o.l. und r., 64/65, 68 o.l. und u.l., 69 l., 71, 72/73, 74, 75, 76/77, 78, 79, 80/81, 82, 94/95, 96, 97, 98/99, 100, 101, 102/103, 111 r. und u., 113, 114/115, 116, 117, 118/119, 120, 121, 122/123, 124, 125, 126/127, 143 (2), 144 o., 161, 162 u.l. und o.l., 162/163 M., 163 o.r., 166/167, 167, 170/171 M.o., 174 o.r., 175 r. und o.l.

Die Karten auf den Seiten 18, 38, 70, 92, 112, 148, 164, 165, 170, 171, 176 zeichnete Astrid Fischer-Leitl, München.

Wir danken allen Rechteinhabern für die Erlaubnis zu Nachdruck und Abbildung. Trotz intensiver Bemühungen war es aber nicht möglich, alle Rechteinhaber zu ermitteln. Wir bitten diese, sich an den Verlag zu wenden.

IMPRESSUM

Konzeption: Axel Schenck
Lektorat: Linda Walz, Gerhard Seidl, Katrin Ritter
Bilddokumentation: Maria Guntermann
Graphische Gestaltung: Werner Poll
Herstellung: Angelika Kerscher

Technische Produktion: Fotosatz Ressemann, Hochstadt; Druckerei Kastner & Callwey, München; Repro Oestreicher & Wagner, München

© 1993, 1994
by Verlag C. J. Bucher GmbH, München
Alle Rechte vorbehalten

Printed and bound in Germany
ISBN 3 7658 0809 1